Centre Pompidou

FONDATION ALBERTO ET ANNETTE GIACOMETTI

19-12-2007

L'ATELIER DE / THE STUDIO OF ALBERTO GIACOMETTI

COLLECTION DE LA FONDATION ALBERTO ET ANNETTE GIACOMETTI

L'exposition / The Exhibition

Cette exposition
est réalisée grâce au soutien de
LVMH / Moët Hennessy . Louis Vuitton

LVMH
MOËT HENNESSY . LOUIS VUITTON

En couverture :
Nu debout sur socle cubique, 1953, devant *Esquisse pour « La Cage (première version) »*, esquisse pour *« Quatre figurines sur piédestal », Esquisses pour « Le Chariot » (deux faces et un profil)*, fragment de peinture murale, vers 1949-1950 (nos 188 et 20), coll. Fondation Alberto et Annette Giacometti, Paris

ISBN : 978-2-84426-331-5
N° d'éditeur : 1332
Dépôt légal : octobre 2007

Achevé d'imprimer en France, sur les presses de l'imprimerie Aubin, Poitiers

L'atelier d'Alberto Giacometti / The Studio of Alberto Giacometti

Collection de la Fondation Alberto et Annette Giacometti du 17 octobre 2007 au 11 février 2008

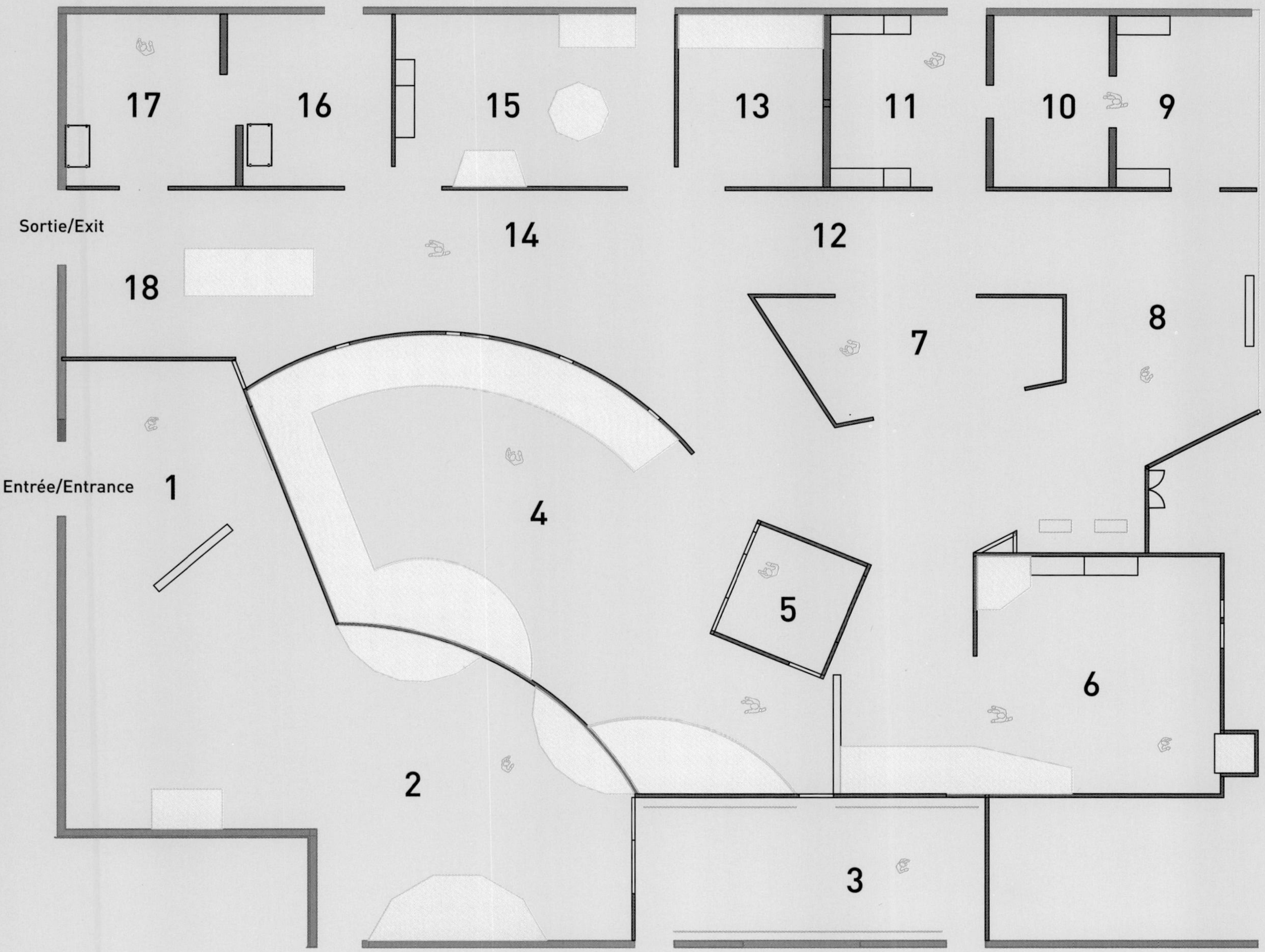

1 Jeunesse suisse
2 Débuts parisiens
3 Giacometti et les photographes
4-5 L'atelier
6 L'expérience surréaliste
7 Qu'est-ce qu'une tête?
8 Plâtres peints

Série des salles thématiques
9 Diego
10 Yanaihara-Fraenkel
11 Annette
12 L'homme et l'arbre
13 Du plus petit au grand
14 Caroline
15 Forêts et cages
16 Éditions - médailles et foulards
17 Copies
18 Paysages

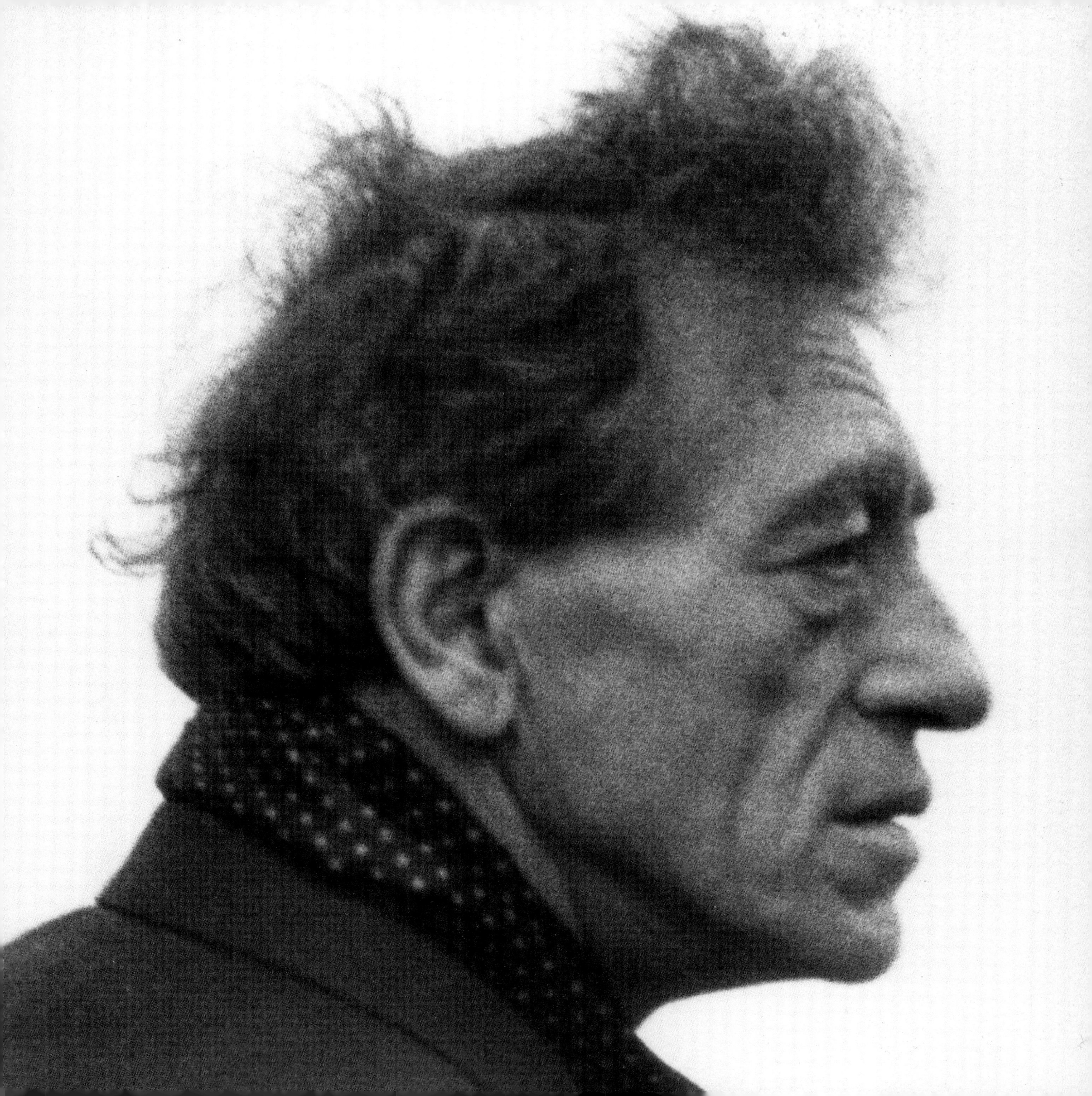

L'ATELIER D'ALBERTO GIACOMETTI
THE STUDIO OF ALBERTO GIACOMETTI
COLLECTION DE LA FONDATION ALBERTO ET ANNETTE GIACOMETTI

« Ce que promettait son visage, Giacometti le tenait ; à le regarder de près, d'ailleurs, il sautait aux yeux que ces traits n'étaient pas ceux d'un homme ordinaire. On ne pouvait pas prédire si, oui ou non, il "tordrait le cou à la sculpture", ou s'il échouerait à maîtriser l'espace ; mais sa tentative même était déjà plus passionnante que la plupart des réussites. »

Simone de Beauvoir, ***La Force de l'âge,*** 1960, (notes de 1941)

"What Giacometti's face promised, he lived up to; looked at close up, what's more, it was blindingly obvious that those features were not those of an ordinary man. It was impossible to predict if, yes or no, he 'would wring the sculpture's neck', or if he might fail to master the space; but his very attempt was already more thrilling than most successes."

Simone de Beauvoir, ***The Prime of Life,*** 1962 (notes from 1941)

Alberto Giacometti (détail), n. d.
Tirage argentique sur papier
Anonyme
FAAG 2003-1513

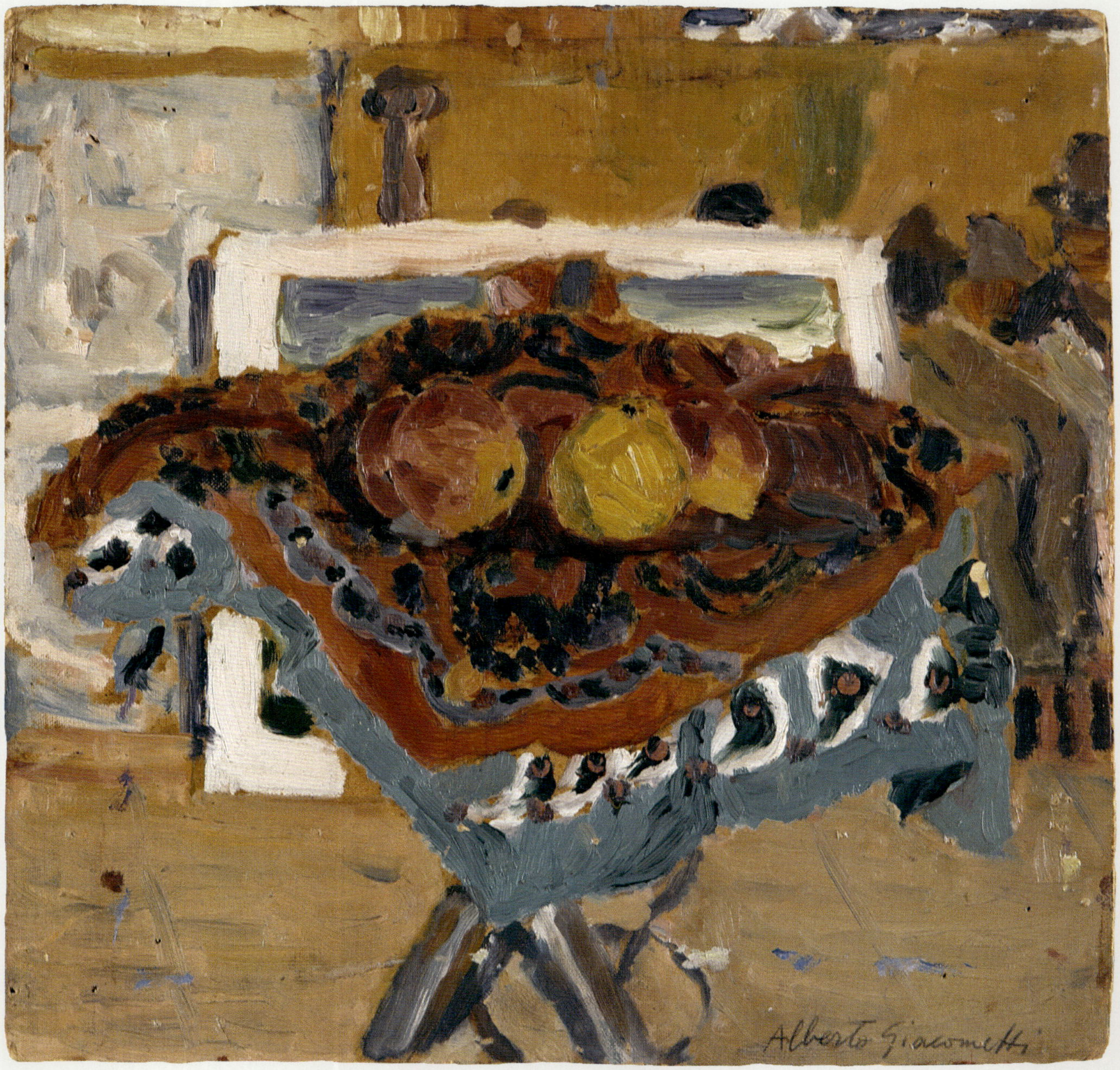

Nature morte aux pommes, vers 1915
Huile sur carton, 36,2 x 36,6 cm
Signé « Alberto Giacometti », en bas à droite
FAAG 1994-0565-1

Still Life with Apples, circa 1915
Oil on cardboard, 36,2 x 36,6 cm
Signed : "Alberto Giacometti", lower right
FAAG 1994-0565-1

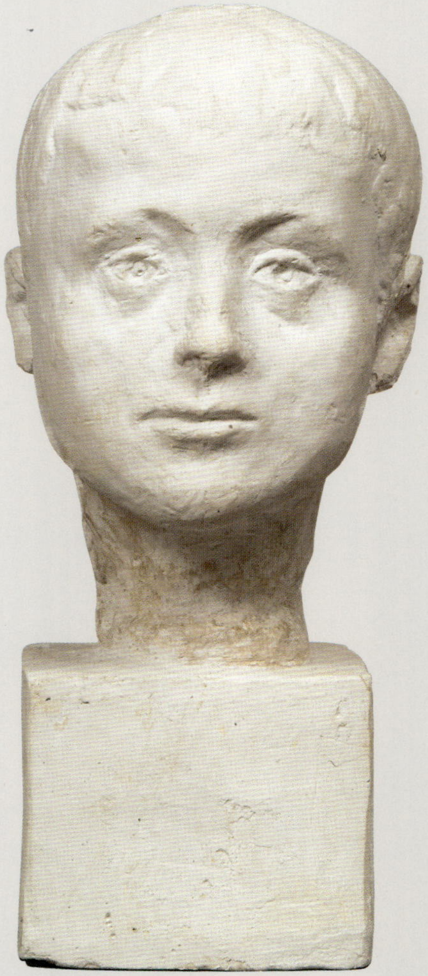

***[Tête de Diego]*, vers 1914-1915**
Plâtre, 27 x 11,1 x 13,8 cm
FAAG 1994-0400

***[Head of Diego]*, circa 1914-1915**
Plaster, 27 x 11,1 x 13,8 cm
FAAG 1994-0400

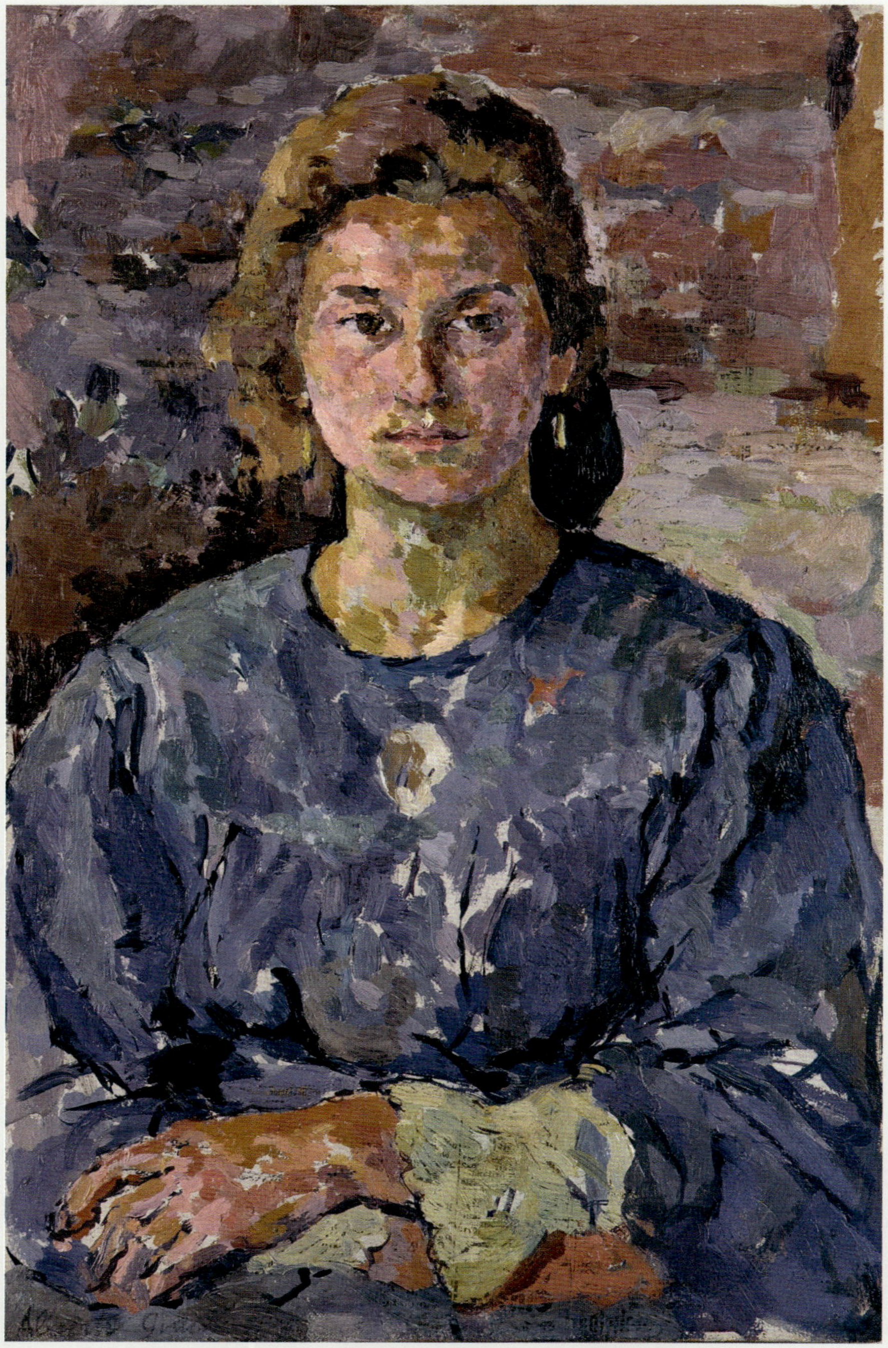

***[Ottilia]*,** vers 1920
Huile sur carton, 42,1 x 27 cm
FAAG 1994-0590-1

***[Ottilia]*,** circa 1920
Oil on cardboard, 42,1 x 27 cm
FAAG 1994-0590-1

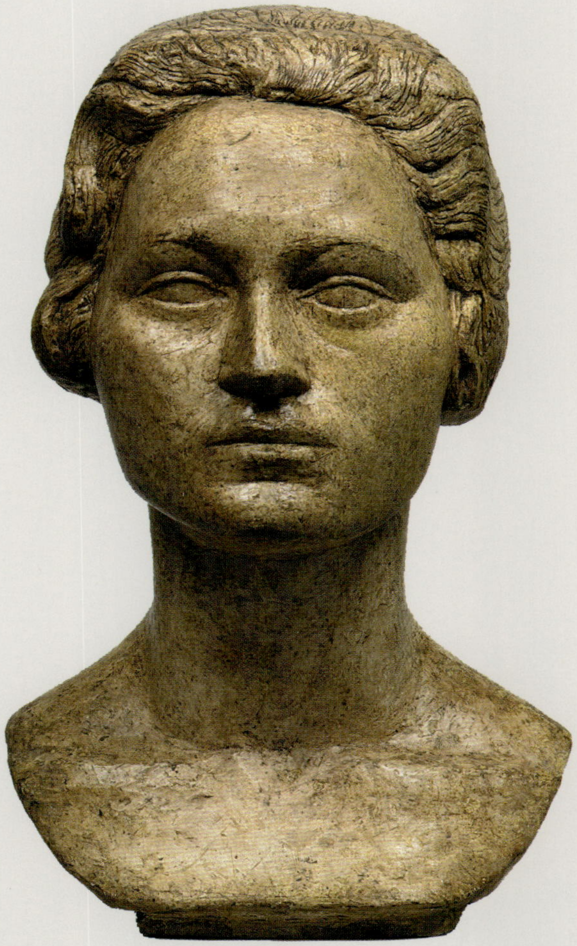

***[Tête d'Ottilia]*, vers 1925**
Plâtre enduit d'un isolant pour le moulage,
traces de polychromie ancienne,
38 x 21,5 x 16,6 cm
FAAG 1994-0405

***[Head of Ottilia]*, circa 1925**
Plaster coated with a parting compound,
remnants of polychromy,
38 x 21,5 x 16,6 cm
FAAG 1994-0405

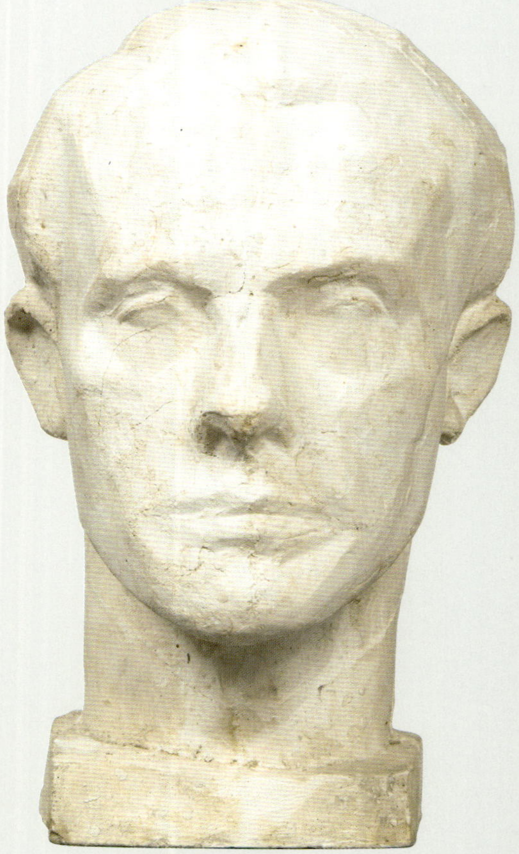

[Tête de Diego], vers 1923
Plâtre, 31 x 18,2 x 23,9 cm
FAAG 1994-0401

[Head of Diego], circa 1923
Plaster, 31 x 18,2 x 23,9 cm
FAAG 1994-0401

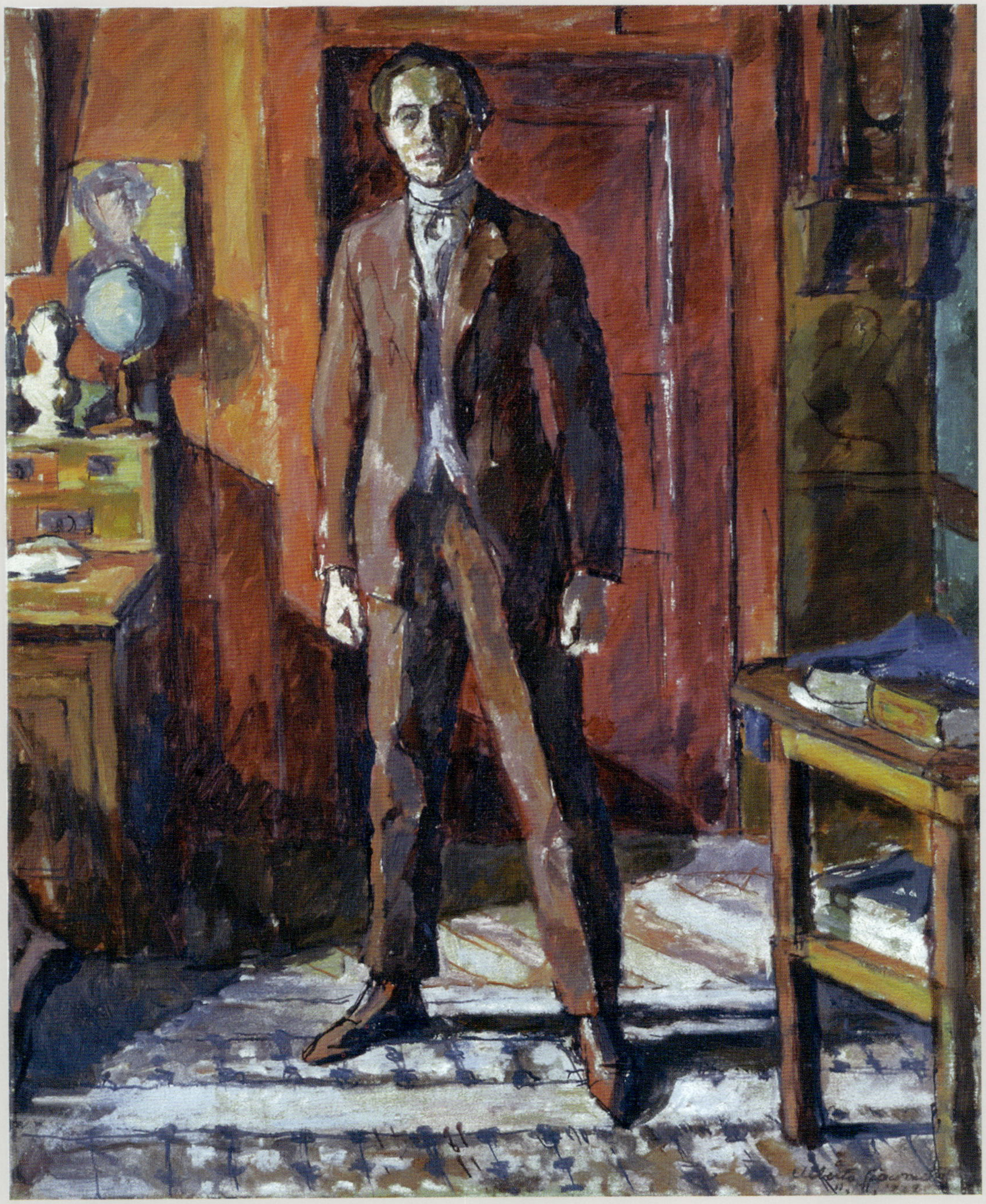

Diego debout dans le salon à Stampa, 11 novembre 1922
Huile sur toile, 63,6 x 50,2 cm
FAAG 1994-0569

Diego at Stampa, November 11 th, 1922
Oil on canvas, 63,6 x 50,2 cm
FAAG 1994-0569

« De 1922 à 1925 et plus j'étais à l'académie de la Grande-Chaumière. (...) Je ne pouvais plus supporter une sculpture sans couleur et très souvent j'ai essayé de les peindre d'après nature. »

Alberto Giacometti à Pierre Matisse
21 décembre 1947

"From 1922 to 1925 and more I was at the Académie de la Grande-Chaumière. [...] I could no longer bear a sculpture without colour and I often tried to paint them from nature."

Alberto Giacometti to Pierre Matisse
December 21rst,1947

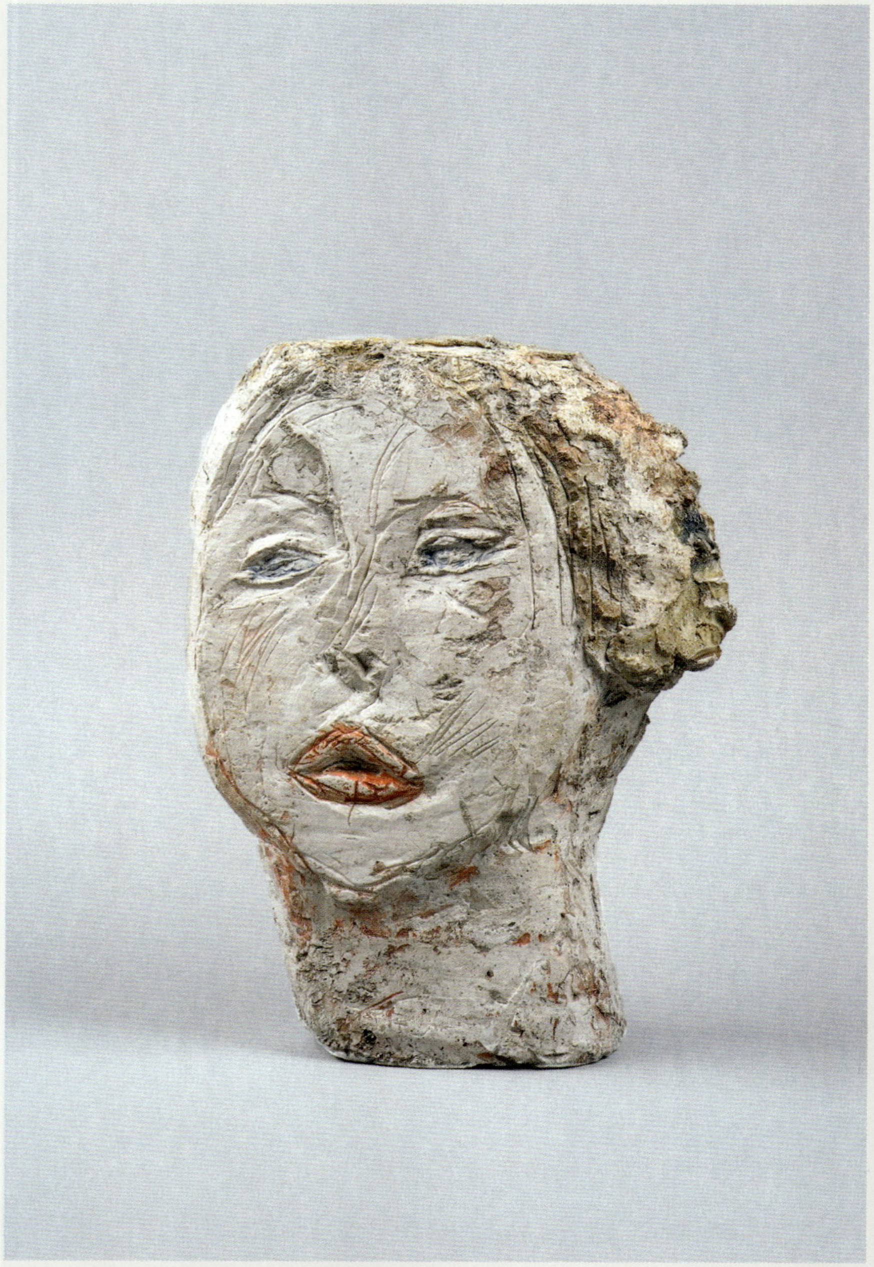

[Tête de femme (Flora Mayo)], 1926
Plâtre retravaillé au canif et peint,
31,2 x 23,2 x 8,4 cm
FAAG 1994-0406

[Head of a Woman (Flora Mayo)], 1926
Plaster reworked with pocket knife and painted
31,2 x 23,2 x 8,4 cm
FAAG 1994-0406

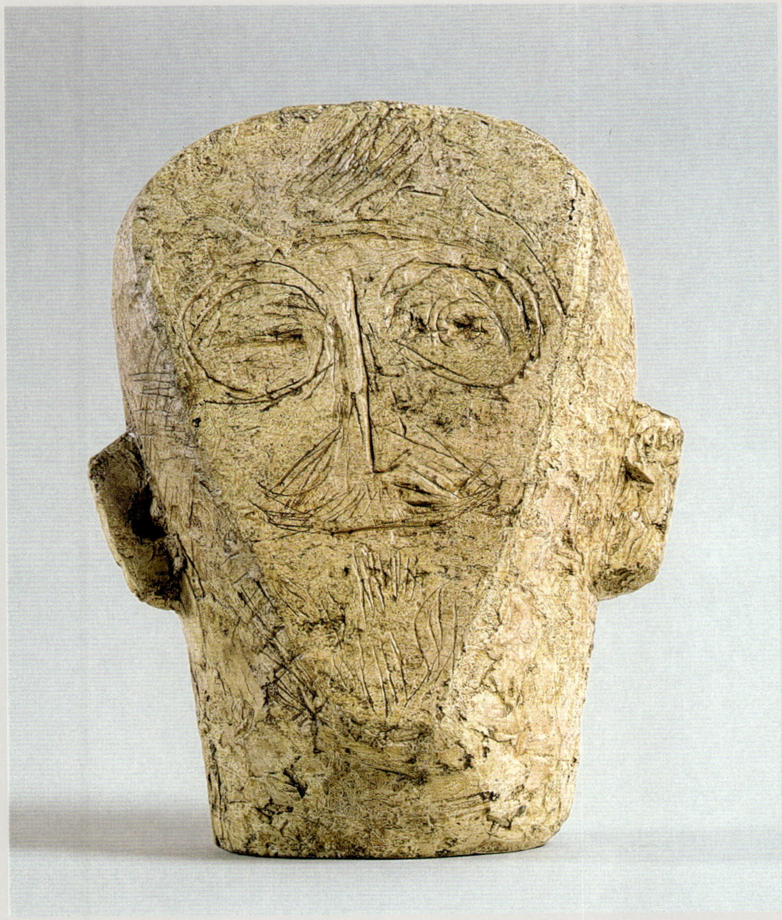

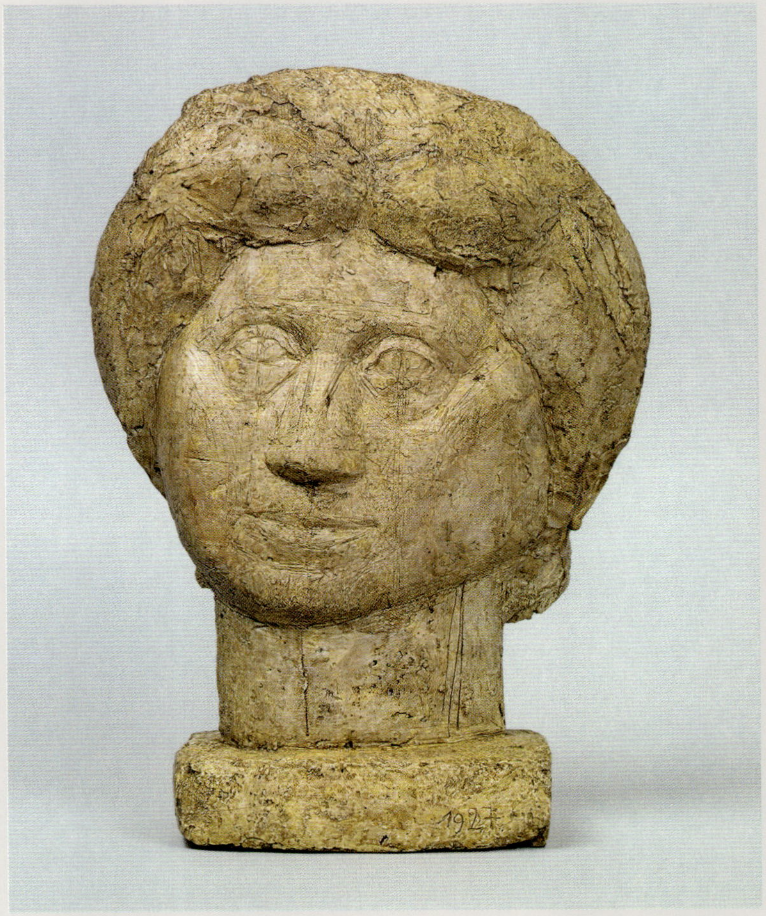

[Tête du père, plate I], vers 1927-1930
plâtre enduit d'un isolant pour le moulage
28,4 x 22 x 14,6 cm
FAAG 1994-0435

[Head of the Father, Flat I], circa 1927-1930
Plaster coated with a parting compound
28,4 x 22 x 14,6 cm
FAAG 1994-0435

[Tête de la mère, plate], 1927
Plâtre enduit d'un isolant
pour le moulage
33,4 x 23,7 x 12,5 cm
FAAG 1994-0409

[Head of the Mother, Flat], 1927
Plaster coated with
a parting compound
33,4 x 23,7 x 12,5 cm
FAAG 1994-0409

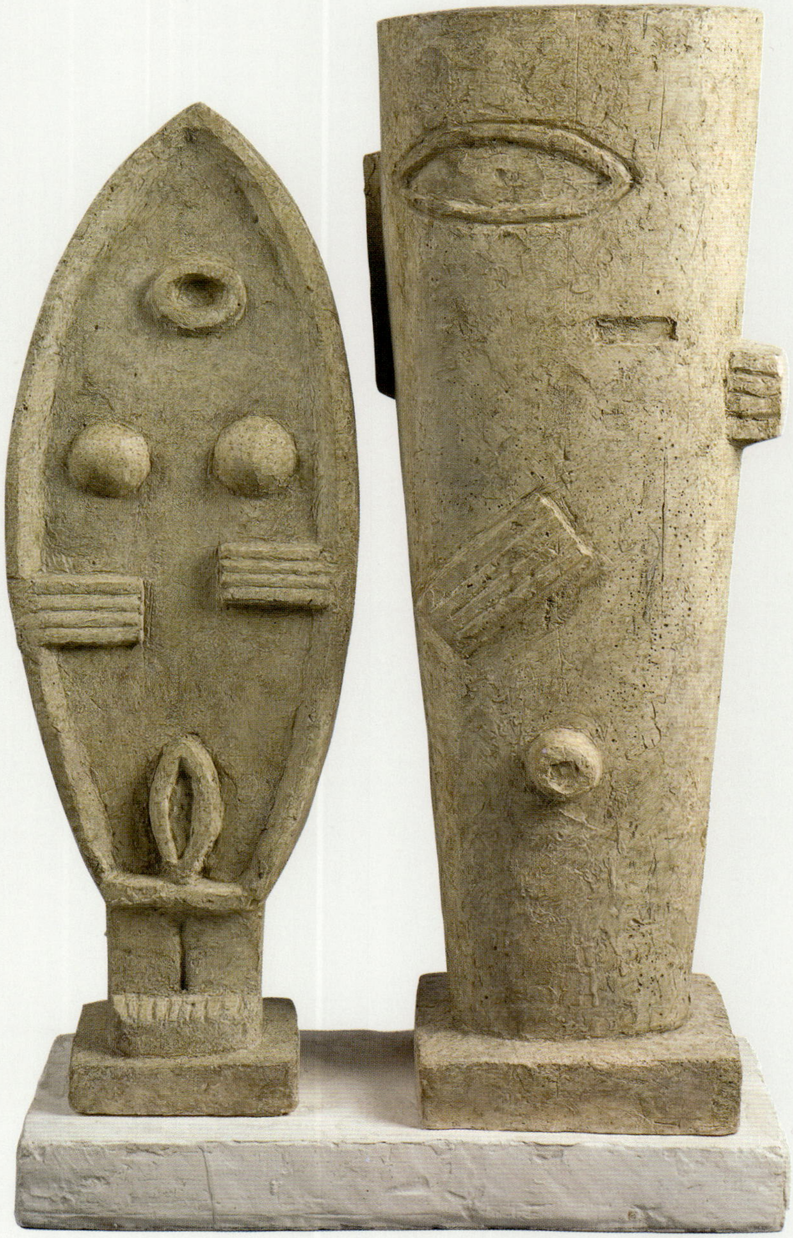

Le Couple, 1927
Plâtre enduit d'un isolant
pour le moulage, traces de crayon
60,4 x 37,7 x 18 cm
FAAG 1994-0349

The Couple, 1927
Plaster with traces of pencil,
coated with a parting compound
60,4 x 37,7 x 18 cm
FAAG 1994-0349

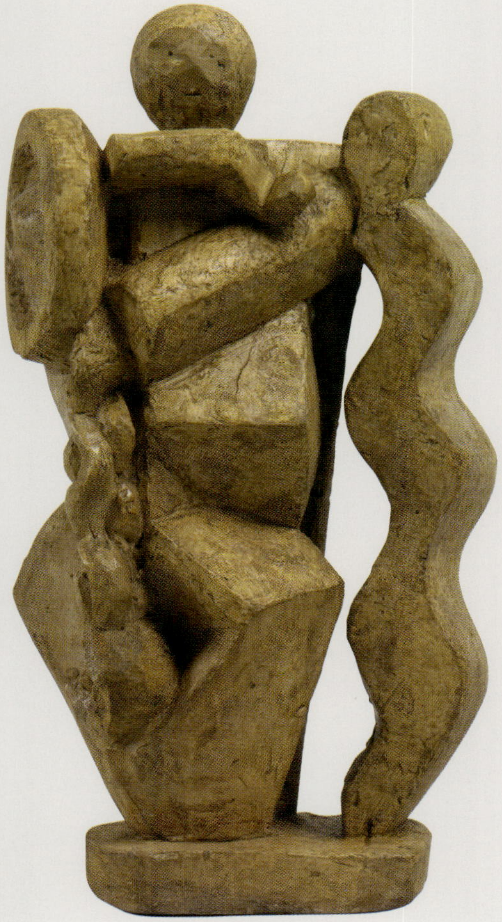

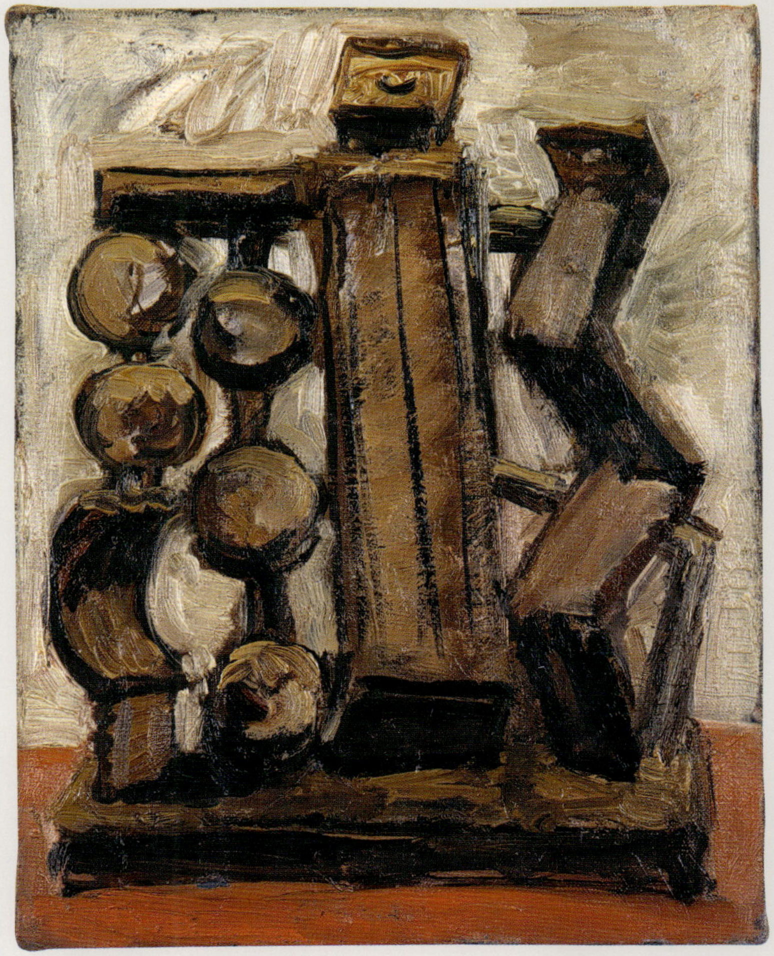

***[Composition]*,** vers 1927-1928
Plâtre enduit d'un isolant
pour le moulage
32,8 x 16 x 14,1 cm
FAAG 1994-0294

***[Composition]*,** circa 1927-1928
Plaster coated with
a parting compound
32,8 x 16 x 14,1 cm
FAAG 1994-0294

***[Sculpture]*,** vers 1927-1930
Huile sur toile, 35,1 x 27,5 cm
FAAG 1994-0583

***[Sculpture]*,** circa 1927-1930
Oil on canvas, 35,1 x 27,5 cm
FAAG 1994-0583

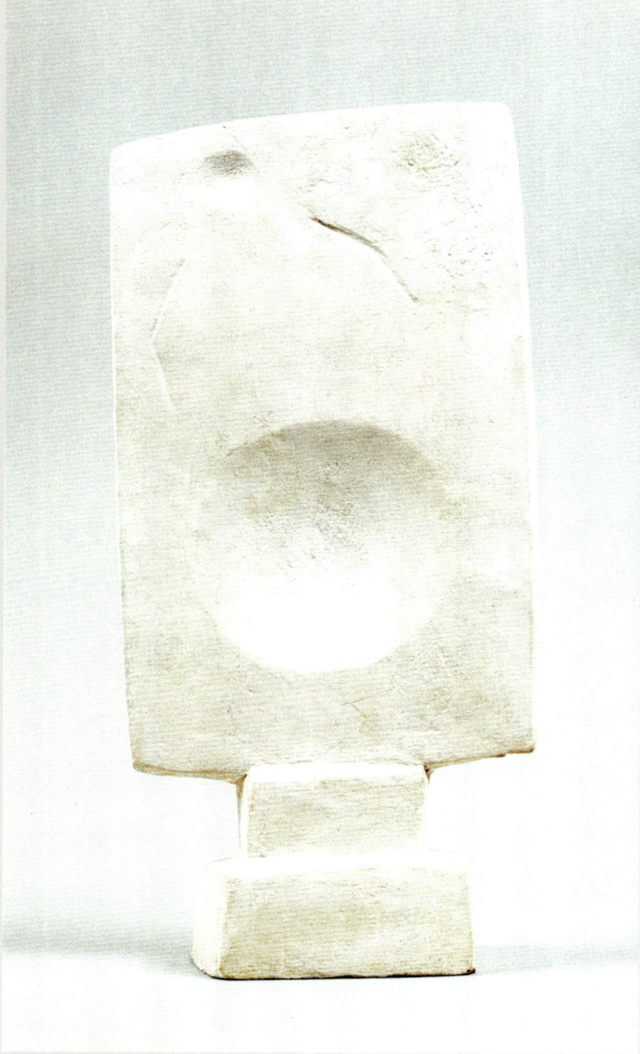

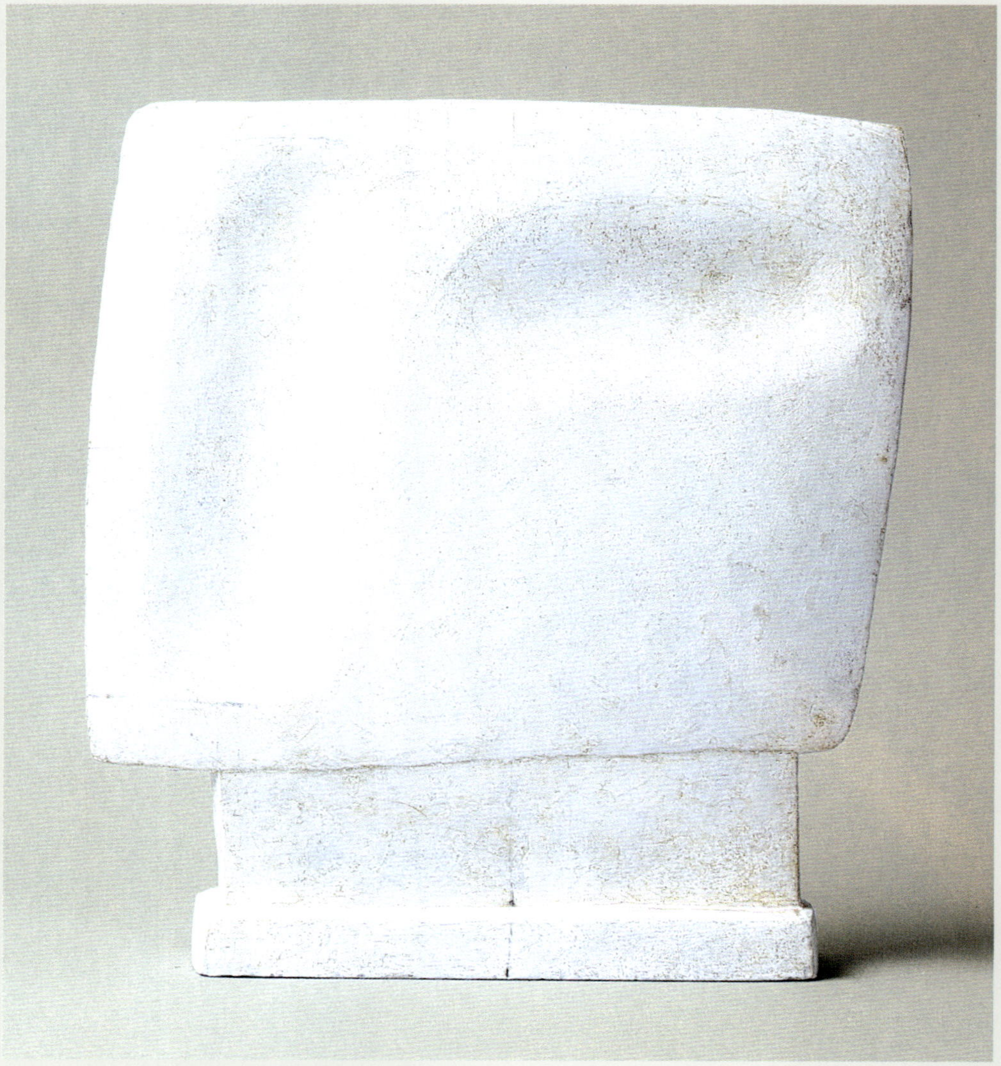

Femme [plate III], vers 1928-1929
Plâtre (moulage vers 1959)
36,6 x 17,7 x 8,8 cm
FAAG 1994-0323

Woman [flat, III], circa 1928-1929
Plaster (cast circa 1959)
36,6 x 17,7 x 8,8 cm
FAAG 1994-0323

Tête qui regarde, 1929
Plâtre enduit d'un isolant
pour le moulage, traces de crayon
40 x 36,4 x 6,5 cm
FAAG 1994-0439

[Gazing Head], 1929
Plaster with traces of pencil,
coated with a parting compound
40 x 36,4 x 6,5 cm
FAAG 1994-0439

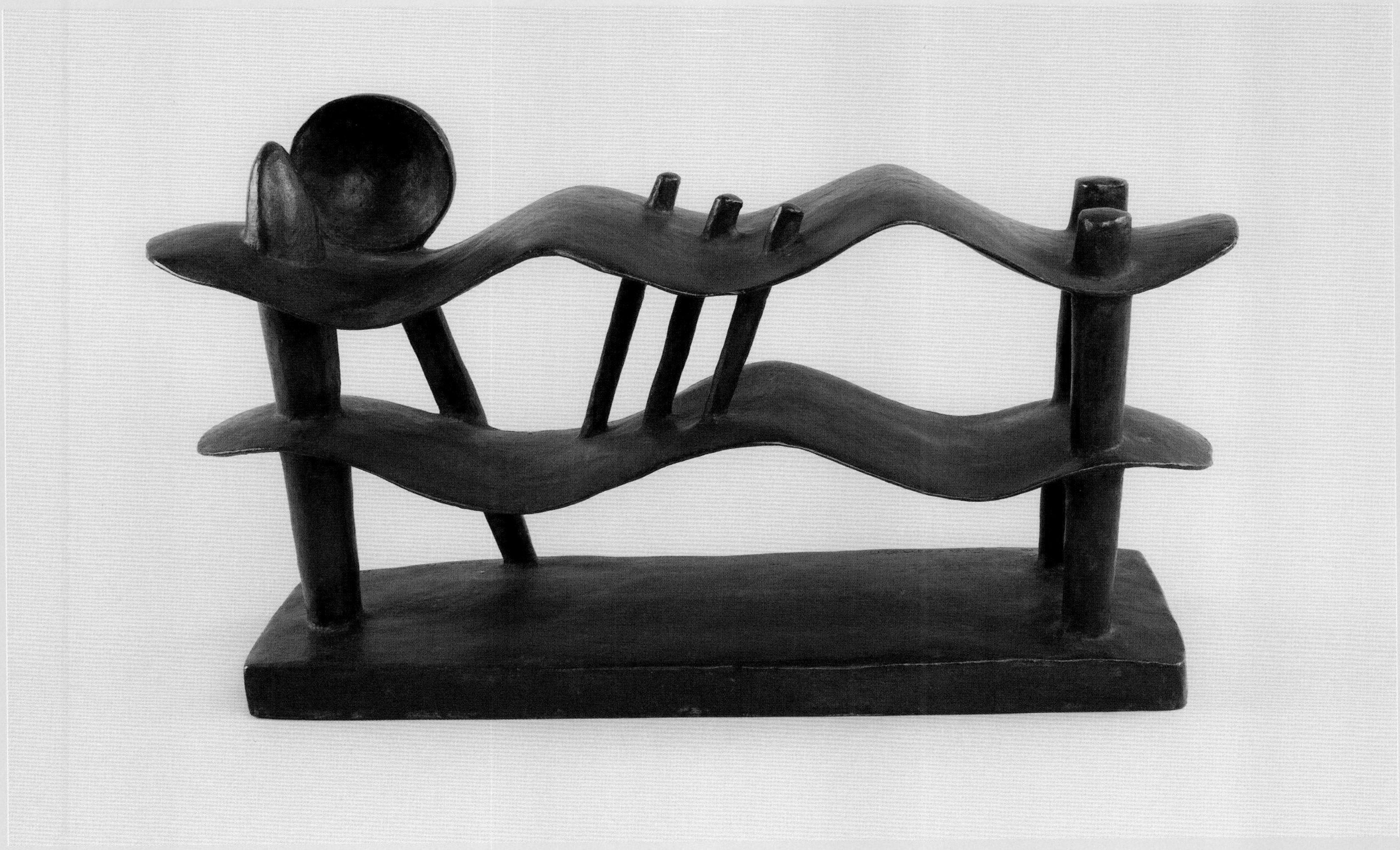

Femme couchée qui rêve, 1929
Bronze, 23,7 x 42,6 x 13,6 cm
Fonte 1959, épreuve Fondation
Alberto et Annette Giacometti
FAAG 1994-0006

Reclining Woman Who Dreams, 1929
Bronze, 23,7 x 42,6 x 13,6 cm
Cast 1959, edition Fondation
Alberto et Annette Giacometti
FAAG 1994-0006

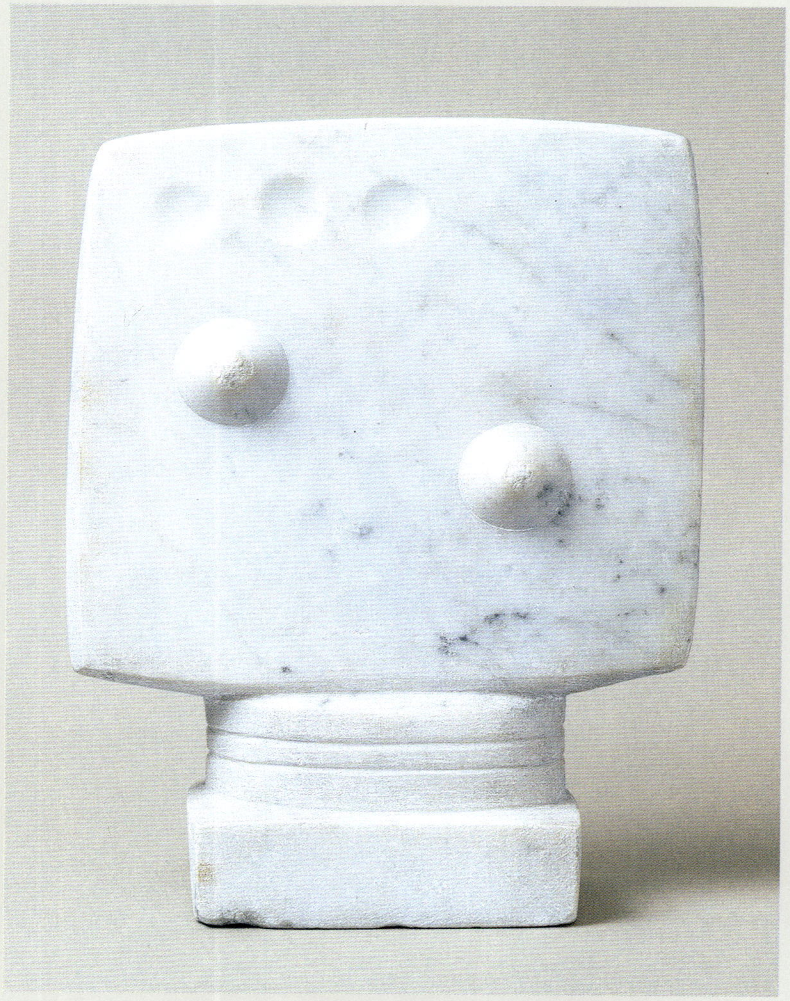

Sans titre, vers 1931-1932
Marbre, 36,7 x 28,2 x 12,5 cm
FAAG 1994-0451

Untitled, circa 1931-1932
Marble, 36,7 x 28,2 x 12,5 cm
FAAG 1994-0451

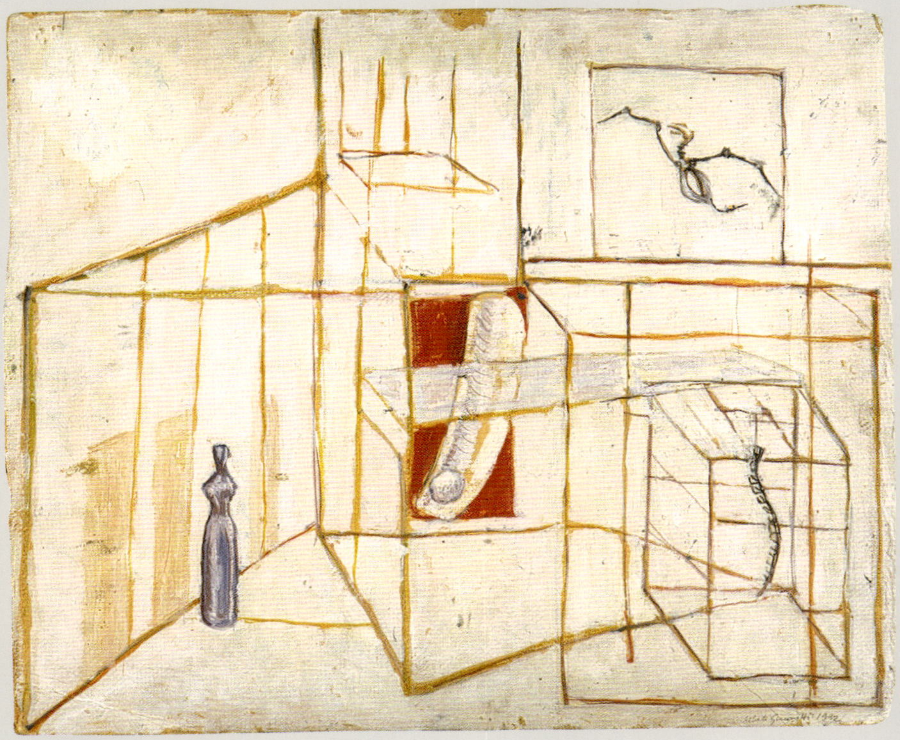

« Nous construisions un fantastique palais dans la nuit (...), un très fragile palais d'allumettes. (...) Je ne puis rien dire de l'objet sur une planchette qui est rouge ; je m'identifie avec lui. »

Alberto Giacometti,
Minotaure, 15 décembre 1933

"We constructed a fantastic palace at night [...], a very fragile palace made of matches. [...] I can't say anything about the object on a small board which is red; I identify with it."

Alberto Giacometti,
Minotaure, December 15th, 1933

[Le Palais à 4 heures du matin], 1932
Huile sur toile, traces de crayon, 49,3 x 55,1 cm
FAAG 1994-0575-1

[The Palace at 4. a.m.], 1932
Oil on canvas, 49,3 x 55,1 cm
FAAG 1994-0575-1

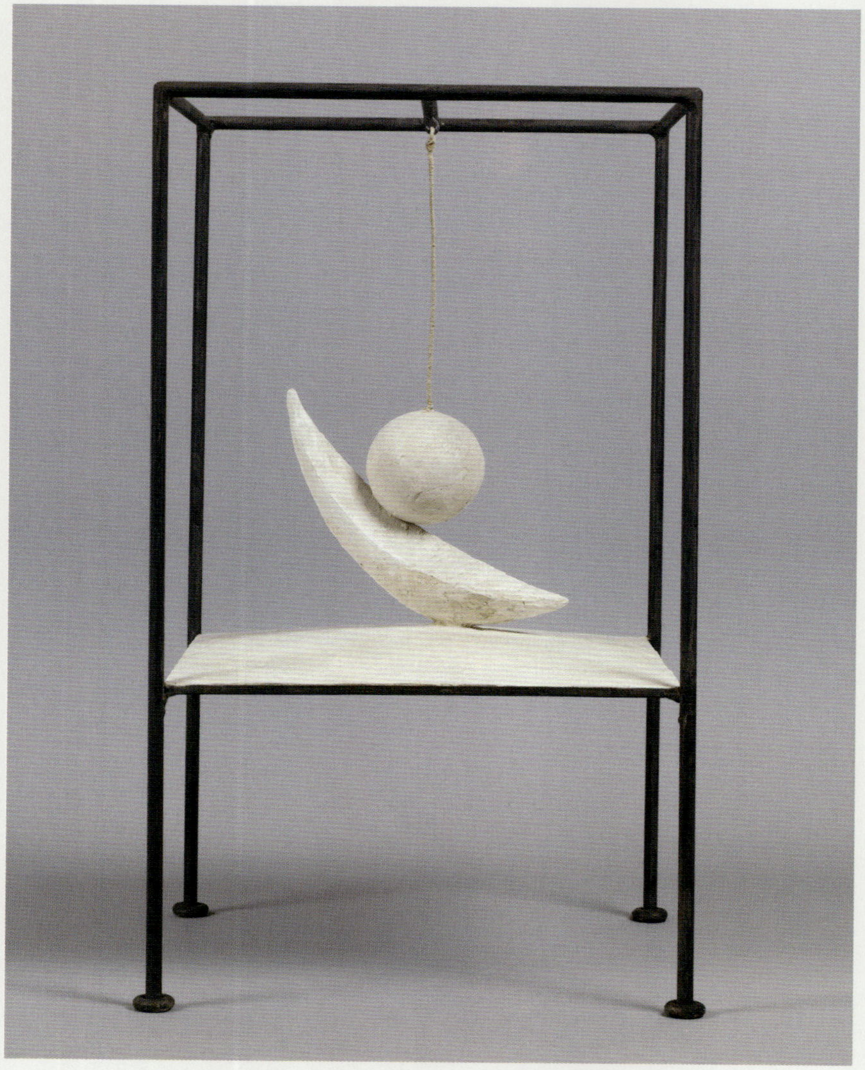

Boule suspendue, 1930-1931 (version de 1965)
Plâtre et métal, 60,6 x 35,6 x 36,1 cm
FAAG 1994-0250

Suspended Ball, 1930-1931 (1965 version)
Plaster and metal, 60,6 x 35,6 x 36,1 cm
FAAG 1994-0250

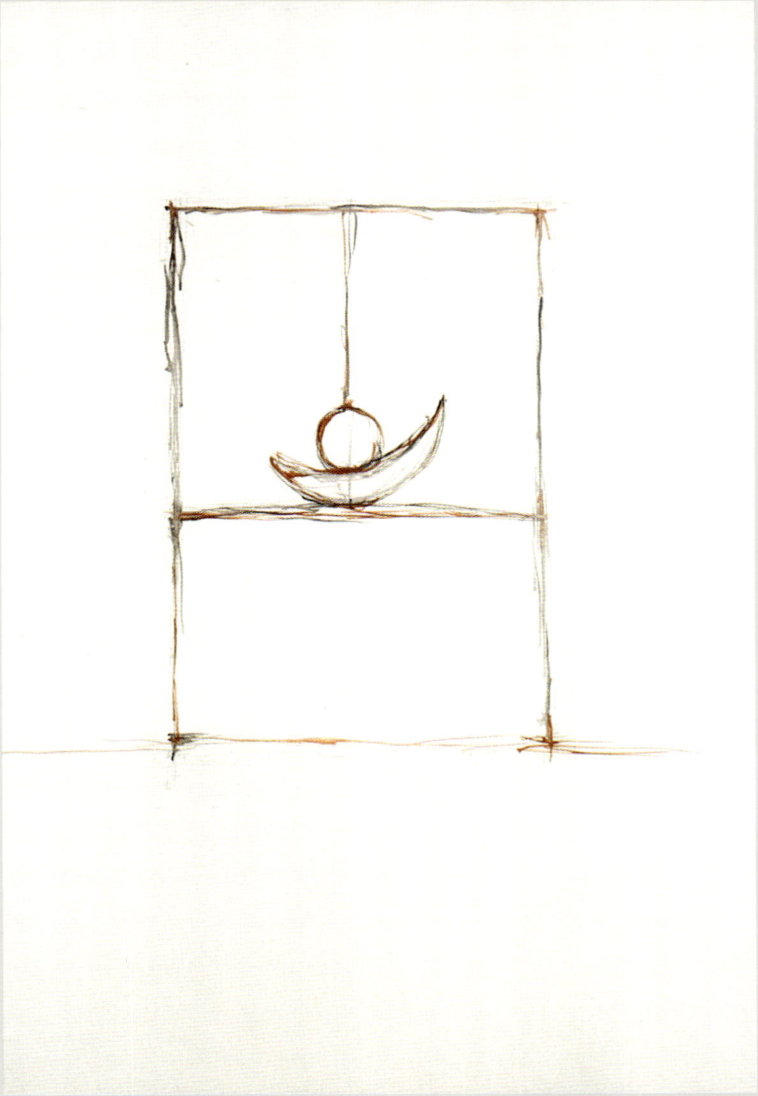

[La Boule suspendue], vers 1965
Huile sur toile, 129 x 88 cm
FAAG 1994-0570

[Suspended Ball], circa 1965
Oil on canvas, 129 x 88 cm
FAAG 1994-0570

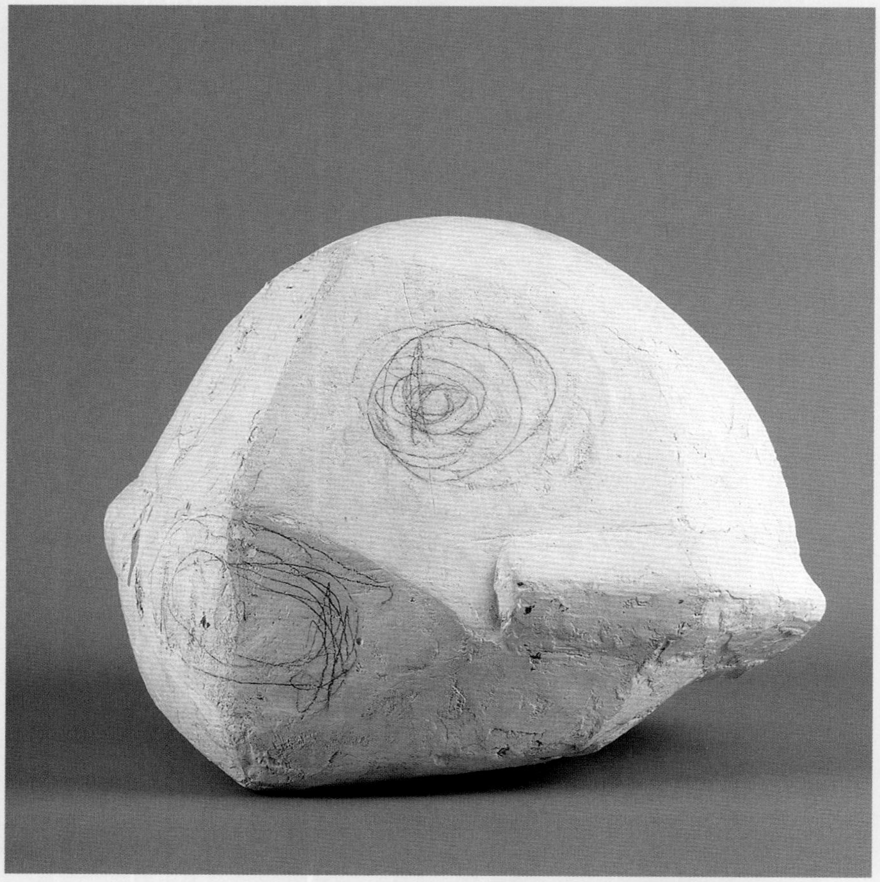

[Tête], 1934
Plâtre rehaussé au crayon, 17,2 x 23,1 x 23 cm
FAAG 1994-0390

[Head], 1934
Plaster enhanced with pencil, 17,2 x 23,1 x 23 cm
FAAG 1994-0390

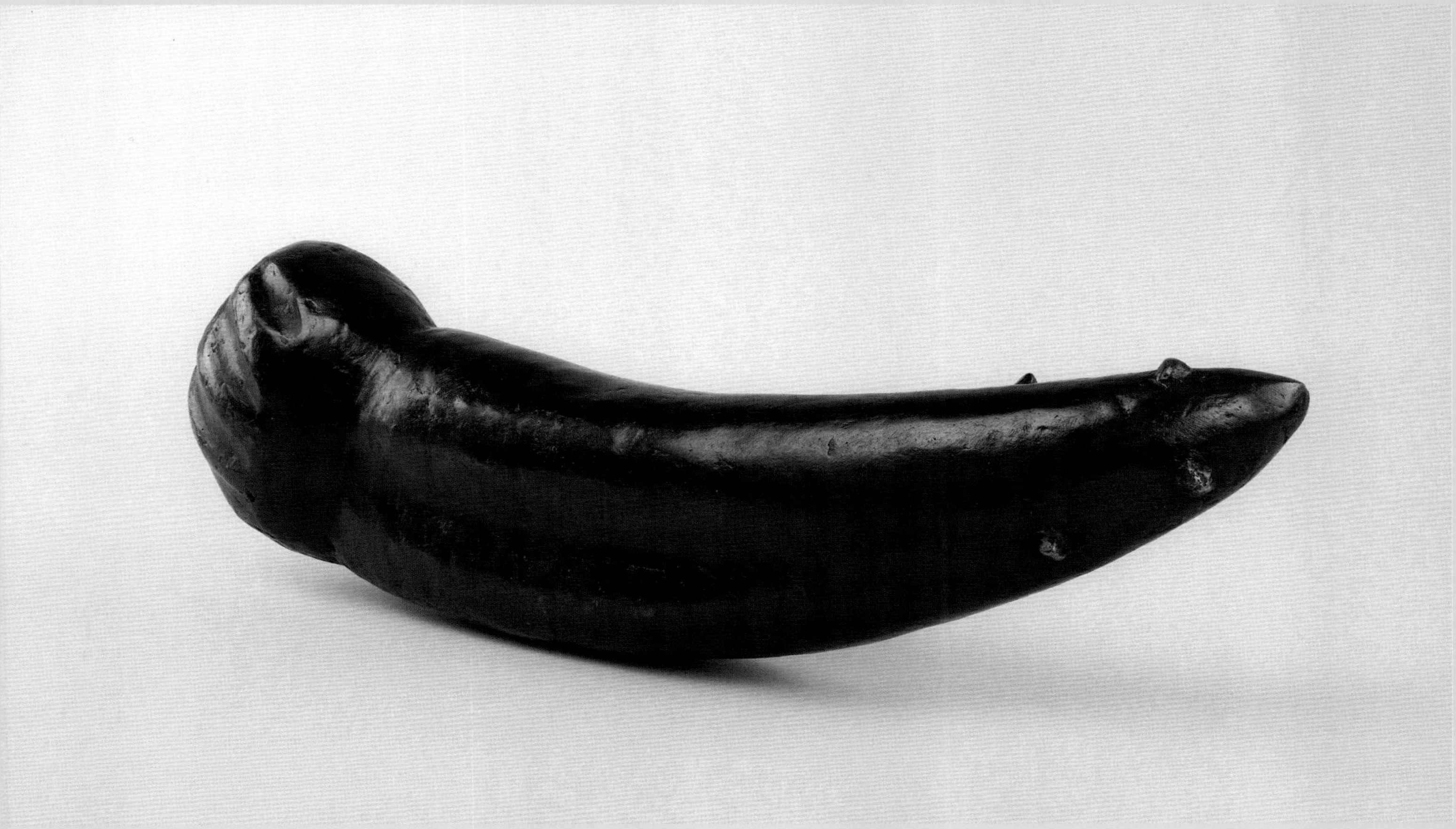

Objet désagréable, **1931**
Bronze, 15,1 x 47,9 x 11,8 cm
Fonte 1961, épreuve Fondation
Alberto et Annette Giacometti
FAAG 1994-0018

Disagreeable Object**, 1931**
Bronze, 15,1 x 47,9 x 11,8 cm
Cast 1961, edition Fondation A. A. Giacometti
FAAG 1994-0018

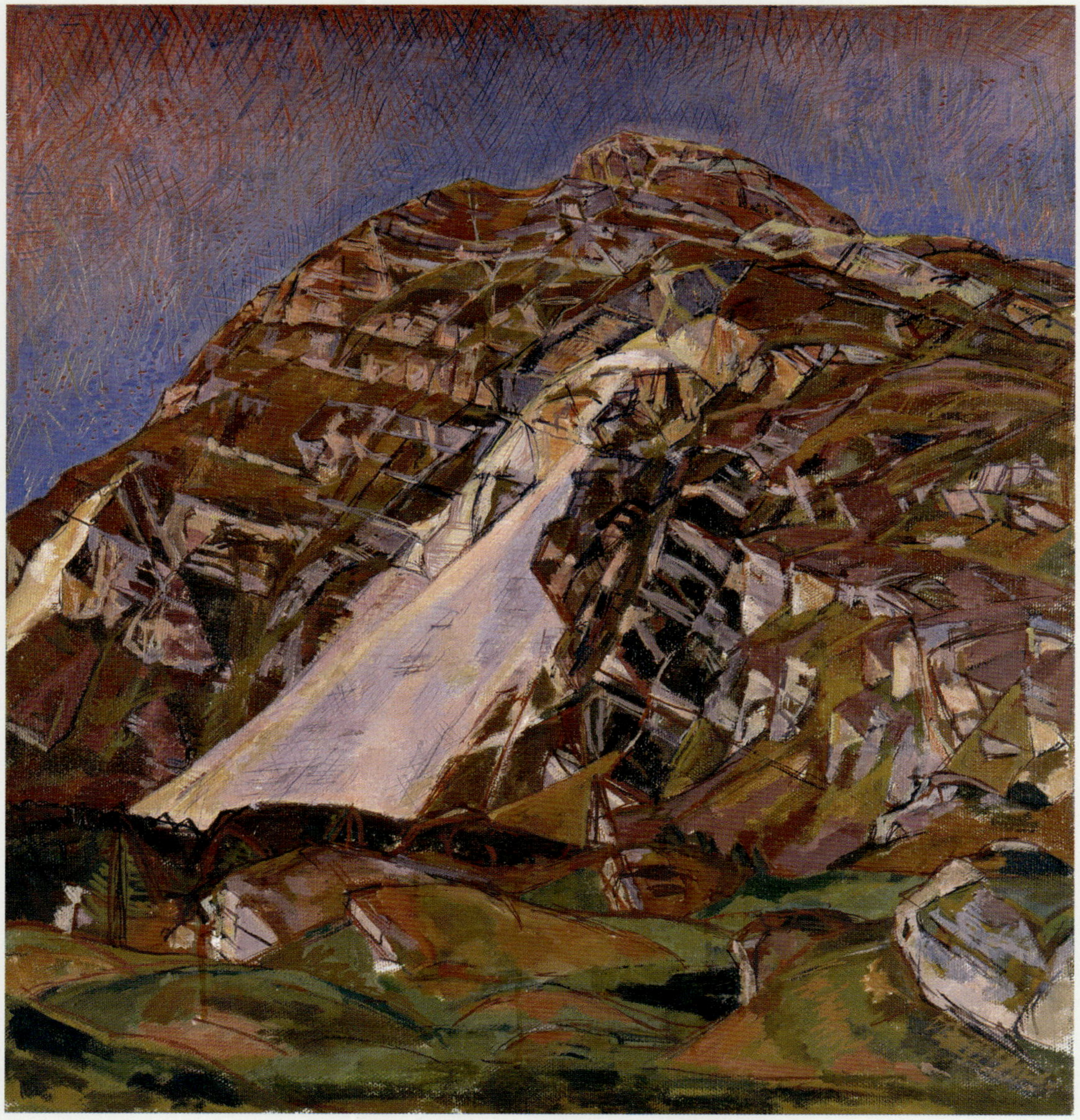

La Montagne, vers 1930
Huile sur toile, 60,1 x 50,4 cm
FAAG 1994-0574

The Mountain, circa 1930
Oil on canvas, 60,1 x 50,4 cm
FAAG 1994-0574

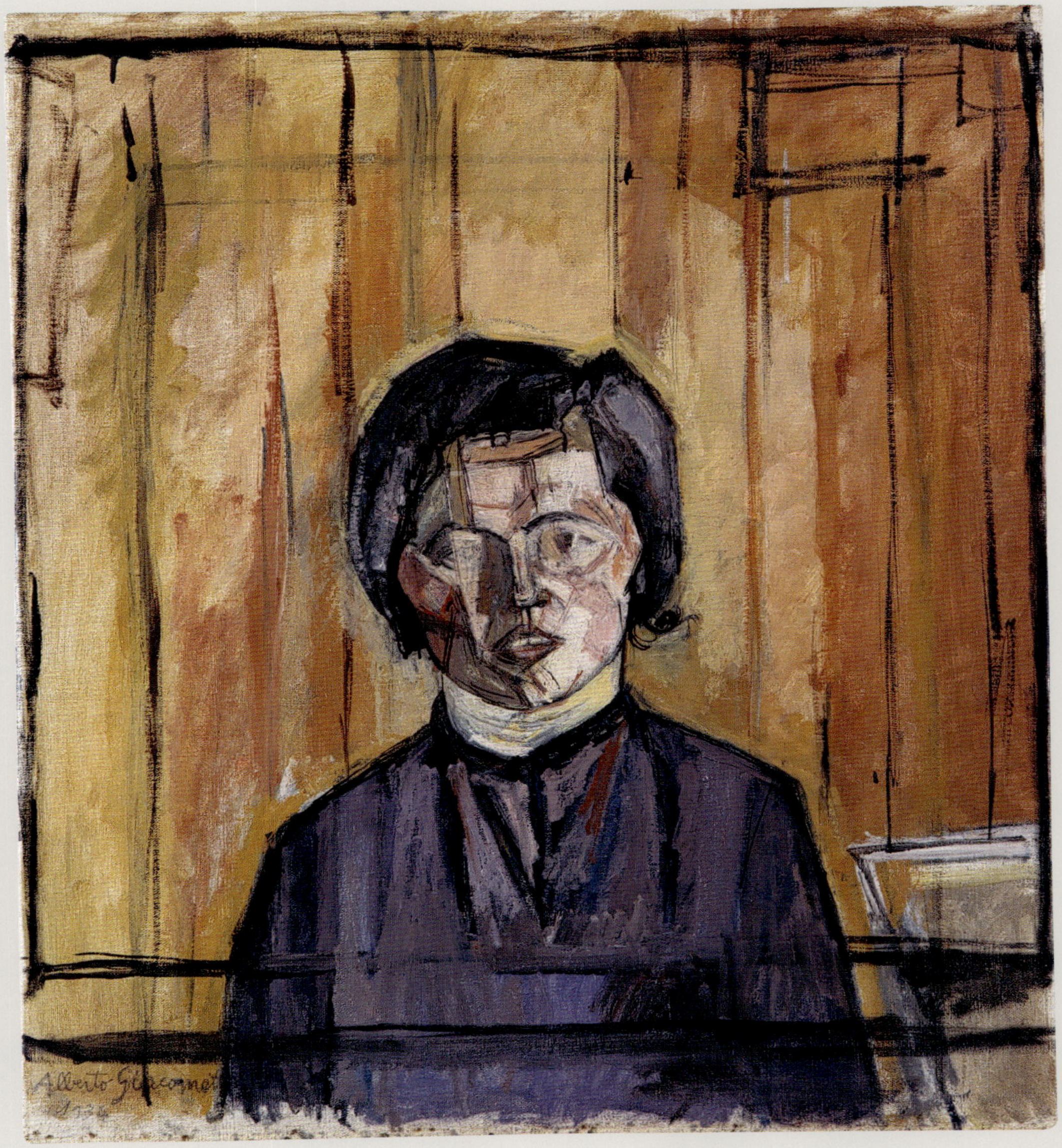

Maria, 1934
Huile sur toile, 66,4 x 59,1 cm
FAAG 1994-0587

Maria, 1934
Oil on canvas, 66,4 x 59,1 cm
FAAG 1994-0587

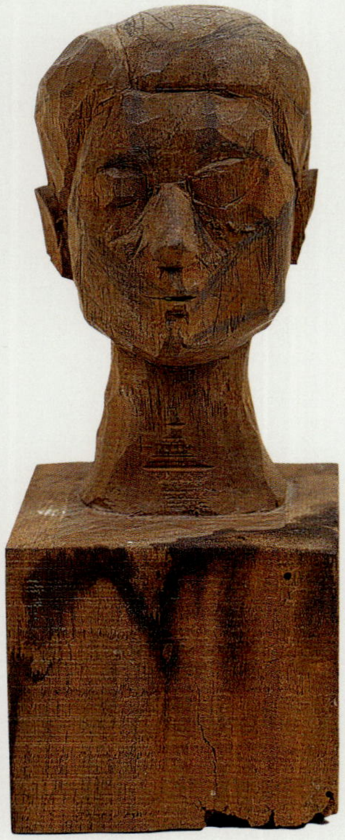

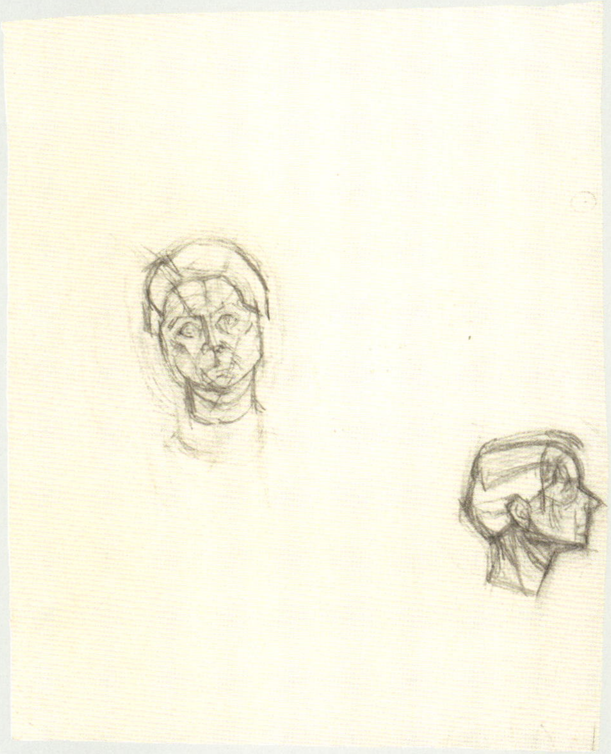

Tête de femme [Rita], n. d.
Bois rehaussé au crayon,
17,6 x 7 x 8,6 cm
FAAG 1994-0456

Head of a Woman [Rita], undated
Wood enhanced with pencil,
17,6 x 7 x 8,6 cm
FAAG 1994-0456

[Têtes de Rita, de face et de profil], n.d.
Crayon sur papier, 14,2 x 11 cm
FAAG 2000-0023

[Heads of Rita, front and profile], undated
Pencil on paper, 14,2 x 11 cm
FAAG 2000-0023

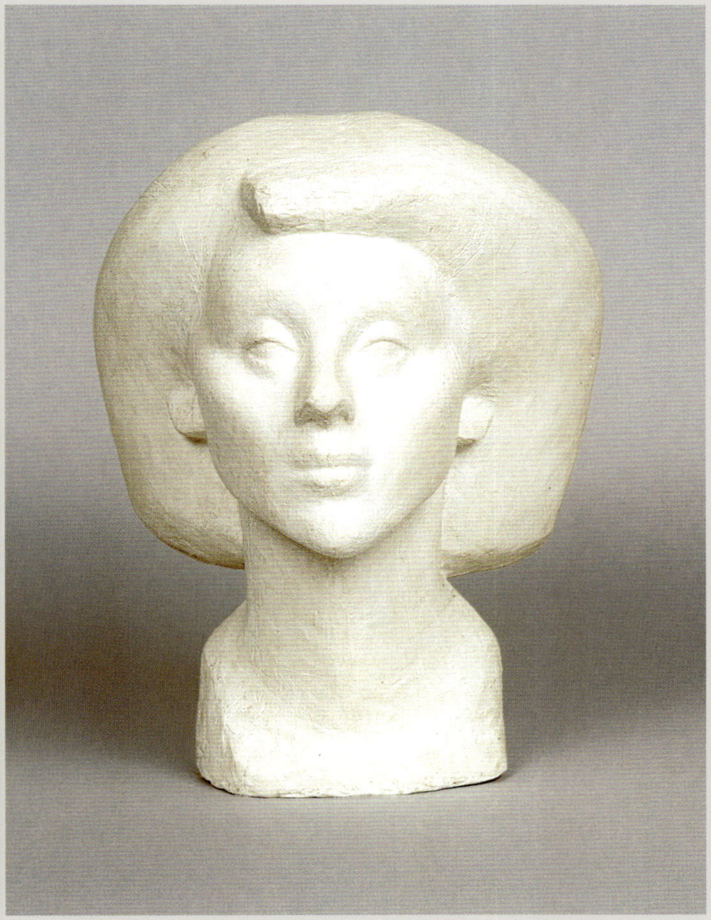

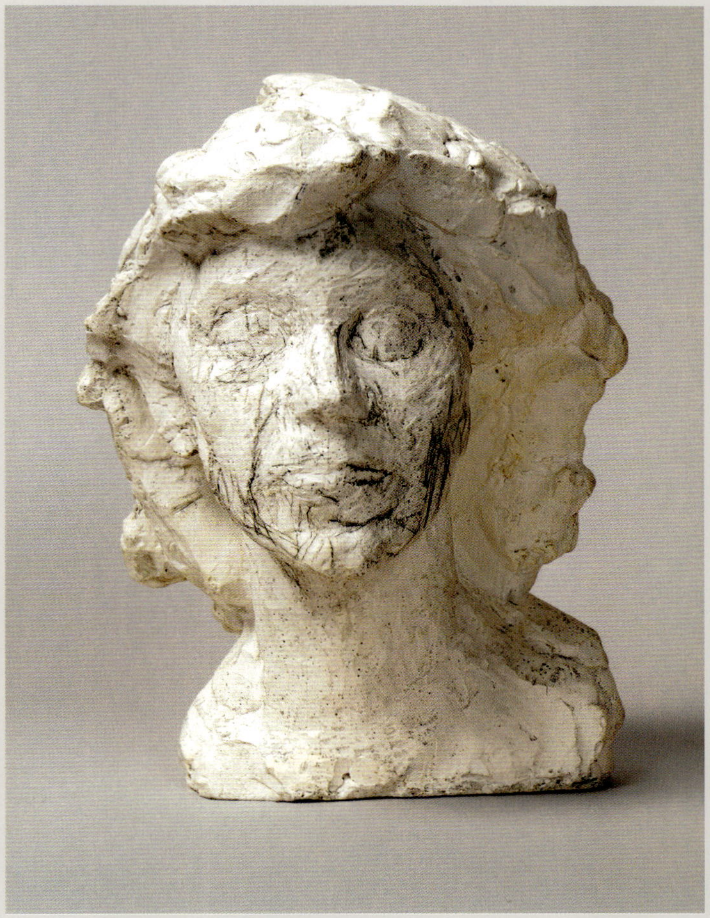

Tête d'Isabel, 1936
Plâtre, 30,3 x 23,5 x 21,9 cm
FAAG 1994-0343

Head of Isabel, 1936
Plaster, 30,3 x 23,5 x 21,9 cm
FAAG 1994-0343

Tête d'Isabel, vers 1938-1939
Plâtre rehaussé au crayon,
21,6 x 16 x 17,4 cm
FAAG 1994-0344

Head of Isabel, circa 1938-1939
Plaster enhanced with pencil,
21,6 x 16 x 17,4 cm
FAAG 1994-0344

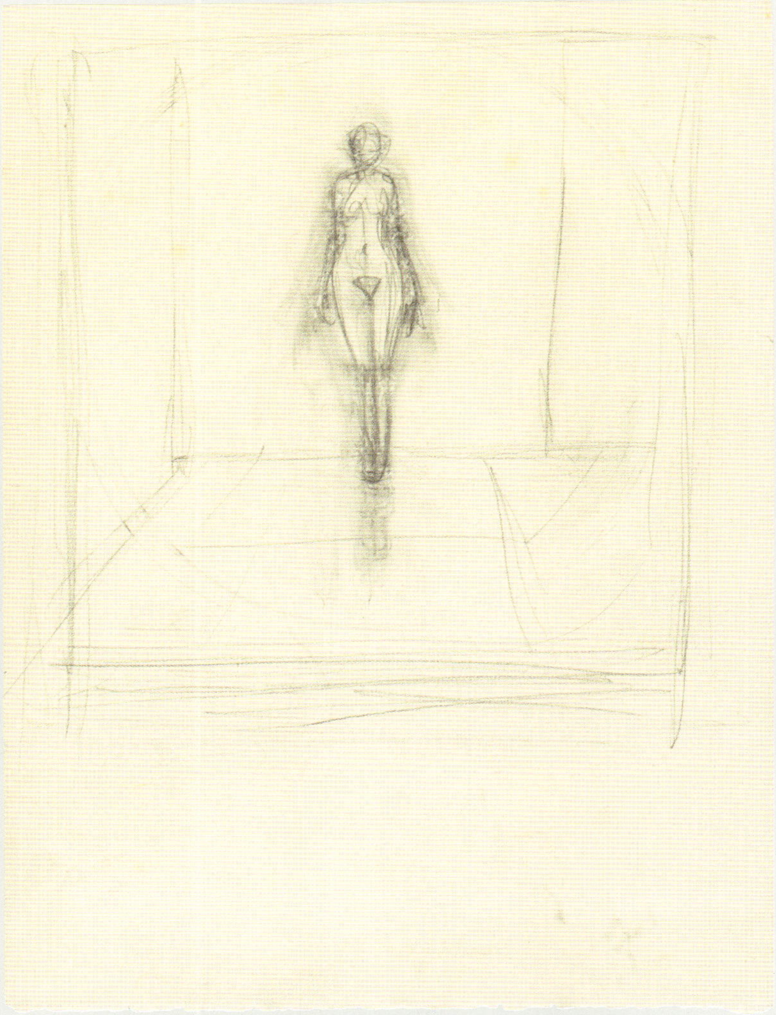

[Nu debout encerclé et encadré], vers 1942
Crayon retravaillé à la gomme abrasive
sur papier, 33,2 x 24,5 cm
FAAG 1994-2122-2

[Standing Nude Circled and Framed], circa 1942
Pencil reworked with eraser on paper,
33,2 x 24,5 cm
FAAG 1994-2122-2

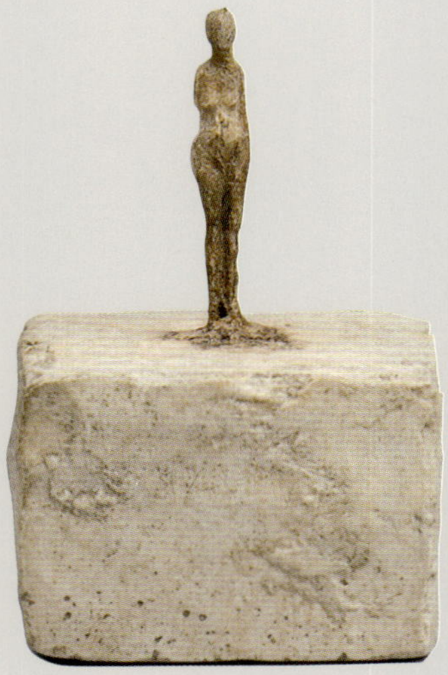

« Non seulement elle est petite, cette femme, mais elle est abîmée ; non seulement elle est petite, mais encore elle prétend ressembler à quelqu'un : en plus, pour moi c'est un portrait »

Giacometti à Pierre Dumayet,
Le Nouveau Candide, 6-13 juin 1963

"Not only is this woman small, but she's damaged; not only is she small, but still she wants to look like someone; what's more, for me it's a portrait."

Alberto Giacometti to Pierre Dumayet,
Le Nouveau Candide, June 6-13, 1963

[Toute petite figurine], vers 1938
Plâtre retravaillé au canif, traces de crayon et de couleur, enduit d'un isolant pour le moulage, 4,5 x 3 x 3,8 cm
FAAG 1994-0442

[Very Small Figurine], circa 1938
Plaster reworked with pocket knife, traces of pencil and colour, coated with a parting compound, 4,5 x 3 x 3,8 cm
FAAG 1994-0442

« Le point de vue de Giacometti rejoignait celui de la phénoménologie puisqu'il prétendait sculpter un visage en situation, dans son existence pour autrui. »

Simone de Beauvoir,
La Force de l'âge, 1960, p. 503 (notes de 1941)

"Giacometti's viewpoint fit in with the phenomenological viewpoint, because he claimed to be sculpting a face in its situation, in its existence for others."

Simone de Beauvoir,
The Prime of Life, 1962 (notes from 1941)

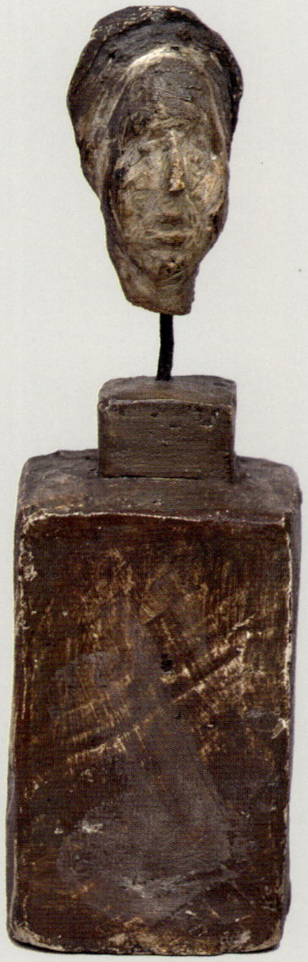

***[Tête de Simone de Beauvoir sur double socle]*,** 1946
Plâtre retravaillé au canif et peint,
14 x 4,2 x 4,1 cm
FAAG 1994-0384

***[Head of Simone de Beauvoir on a Double Base]*,** 1946
Plaster reworked with pocket knife and painted
14 x 4,2 x 4,1 cm
FAAG 1994-0384

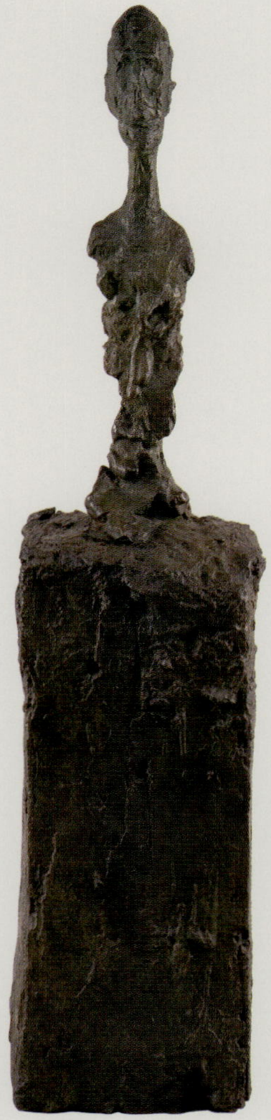

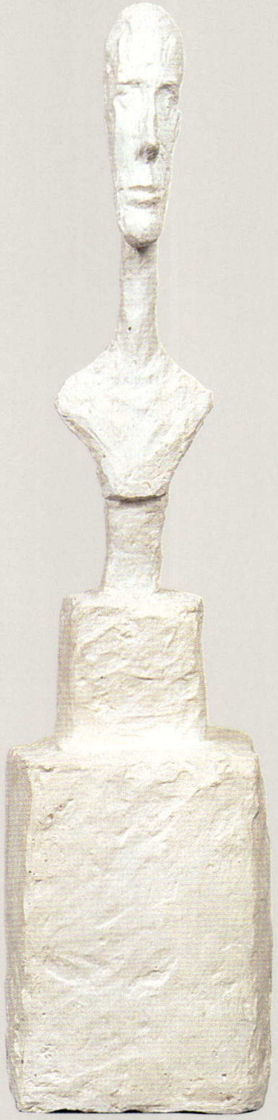

[Buste d'homme sur socle], vers 1947
Bronze, 54,2 x 12,1 x 11,1 cm
Fonte 1990, épreuve Fondation
Alberto et Annette Giacometti
FAAG 1994-0090

[Bust of a Man on a Base], circa 1947
Bronze, 54,2 x 12,1 x 11,1 cm
Cast 1990, edition Fondation
Alberto et Annette Giacometti
FAAG 1994-0090

[Buste d'homme sur double socle],
vers 1948-1949
Plâtre retravaillé au canif
55 x 13 x 16 cm
FAAG 1994-0271

[Bust of a Man on a Double Base],
circa 1948-1949
Plaster reworked with pocket knife
55 x 13 x 16 cm
FAAG 1994-0271

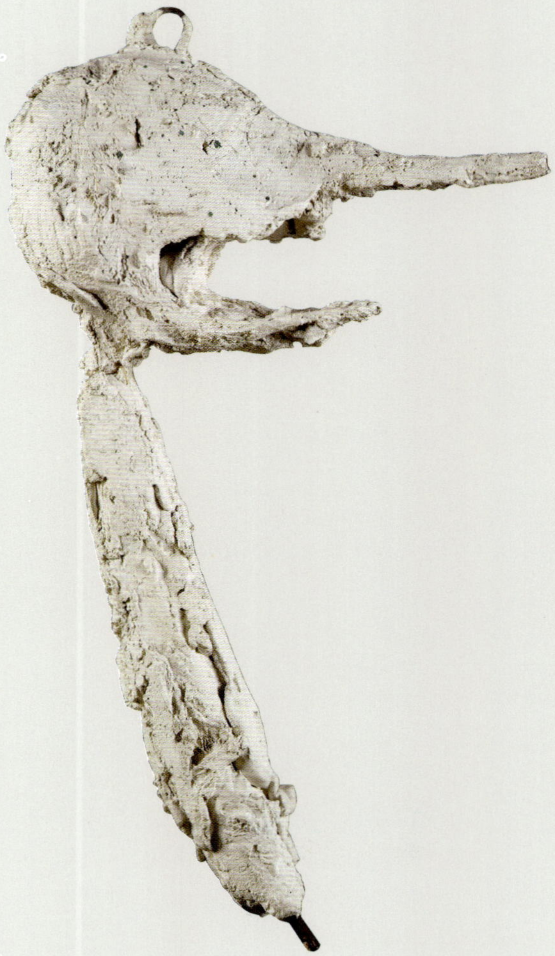

Le nez (esquisse), vers 1947-1949
Plâtre, 43 x 9,7 x 23 cm
FAAG 1994-0350

The Nose (Study), circa 1947-1949
Plaster, 43 x 9,7 x 23 cm
FAAG 1994-0350

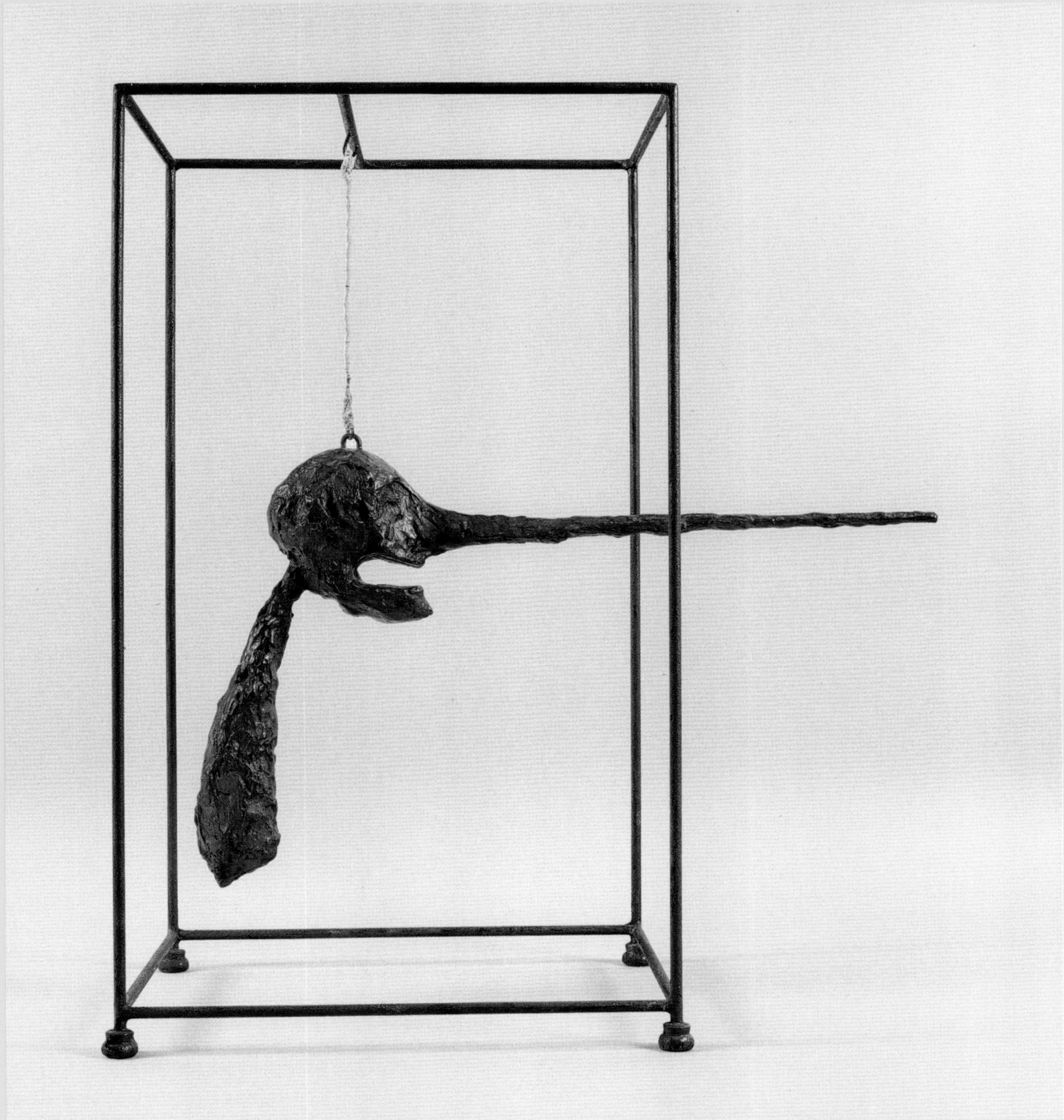

Le Nez, **1947 (version de 1949)**
Bronze, 80,9 x 70,5 x 40,6 cm
Fonte 1965, 0/6
FAAG 1994-0017

The Nose, **1947 (1949 version)**
Bronze, 80,9 x 70,5 x 40,6 cm
Cast 1965, edition 0/6
FAAG 1994-0017

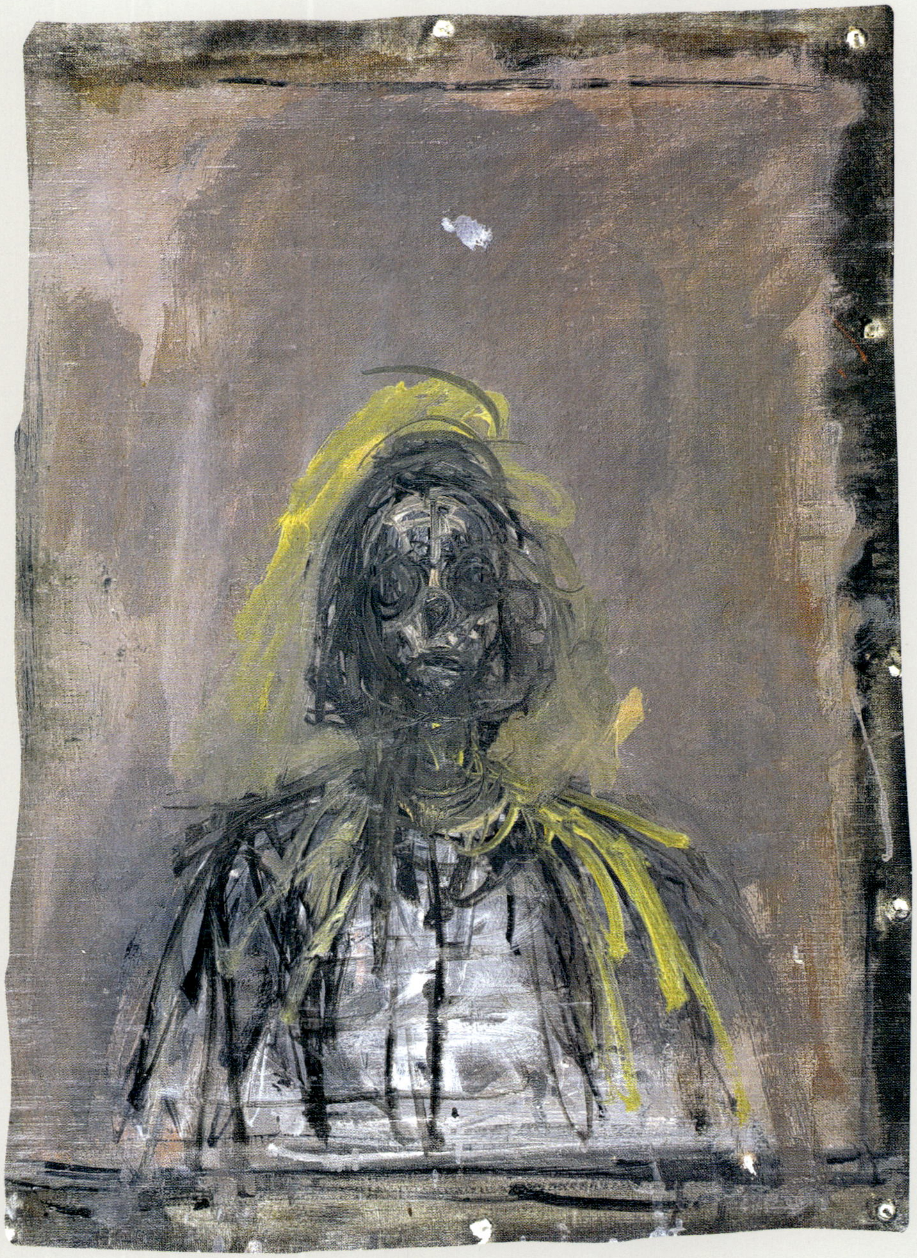

[Annette], vers 1952
Huile sur toile, 47,2 x 33,8 cm
FAAG 1994-0596

[Annette], circa 1952
Oil on canvas, 47,2 x 33,8 cm
FAAG 1994-0596

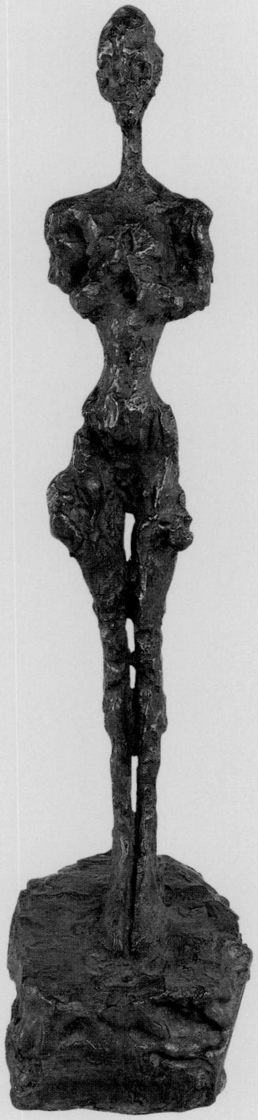

« J'apercevais les êtres uniquement à travers leur œil, comme s'ils étaient enfermés dans leur boîte [crânienne] avec deux trous pour regarder au-dehors. »

Alberto Giacometti à Georges Charbonnier,
enregistré pour la RTF le 20 octobre 1950

"I used to see beings solely through their eye, as if they were enclosed in their cranium with two holes to look out through."

Alberto Giacometti to Georges Charbonnier,
recorded for RTF on October 20th, 1950

[Femme debout], vers 1954
Bronze, 56,1 x 12,5 x 18,9 cm
Fonte 1963, épreuve Fondation
Alberto et Annette Giacometti
FAAG 1994-0011

[Standing Woman], circa 1954
Bronze, 56,1 x 12,5 x 18,9 cm
Cast 1963, edition Fondation
Alberto et Annette Giacometti
FAAG 1994-0011

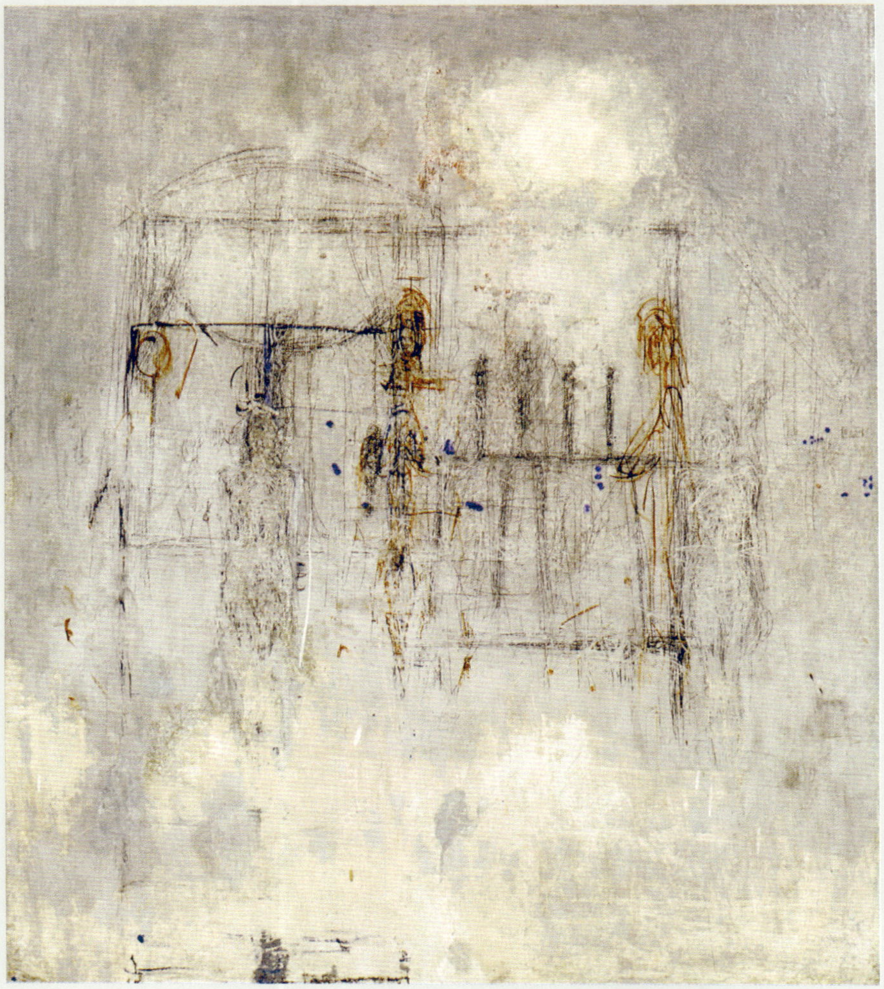

[Esquisse pour « La Cage » (première version), esquisse pour « Quatre figurines sur piédestal », esquisses pour « Le Chariot » (deux faces et un profil)],
fragment de peinture murale, vers 1949-1950
Crayon, huile et incisions sur mur de la chambre, transféré sur toile,
124,5 x 107,3 cm, FAAG 1994-0561

[Sketches for "The Cage" (first version), Sketch for "Four Figurines on a Pedestal", Sketches for "The Chariot" (Two Fronts and a Profile)],
fragment of wall painting, circa 1949-1950
Pencil, oil and incisions on portion of the bedroom wall transferred onto canvas,
124,5 x 107,3 cm, FAAG 1994-0561

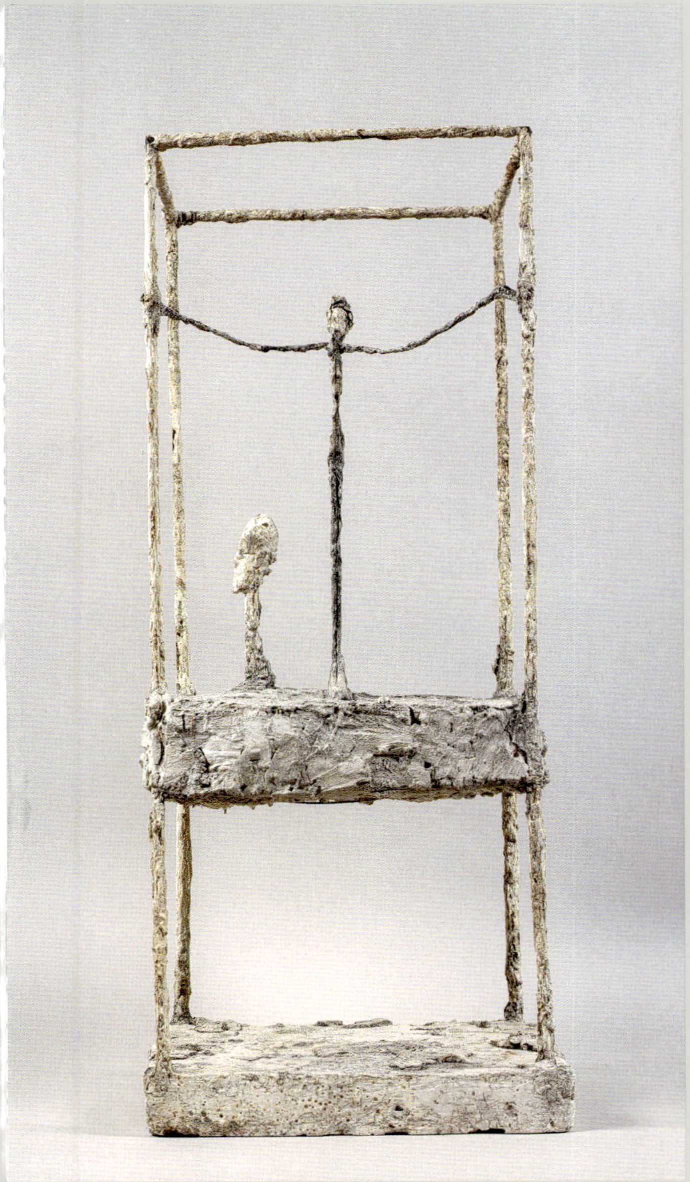

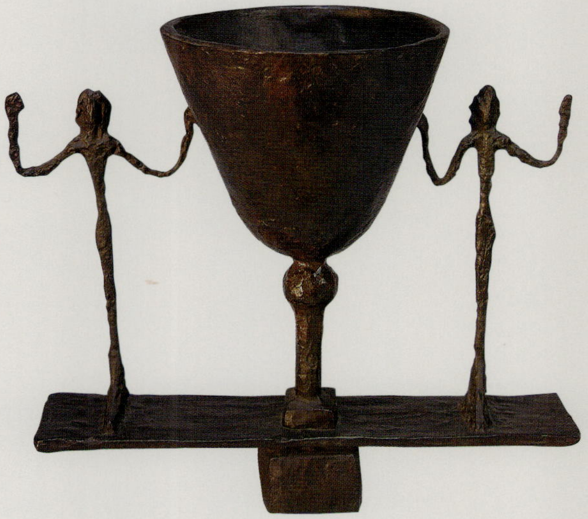

La Cage, première version, 1949-1950
Plâtre peint, 91,1 x 38,5 x 34,9 cm
FAAG 1994-0346

The Cage, first version, 1949-1950
Painted plaster, 91,1 x 38,5 x 34,9 cm
FAAG 1994-0346

Lampe coupe aux deux figures, **vers 1950**
Bronze, 33,7 x 37,2 x 18,5 cm
Fonte 1956
FAAG 1994-3198

Chalice Lamp with Two Figures, **circa 1950**
Bronze, 33,7 x 37,2 x 18,5 cm
Cast 1956
FAAG 1994-3198

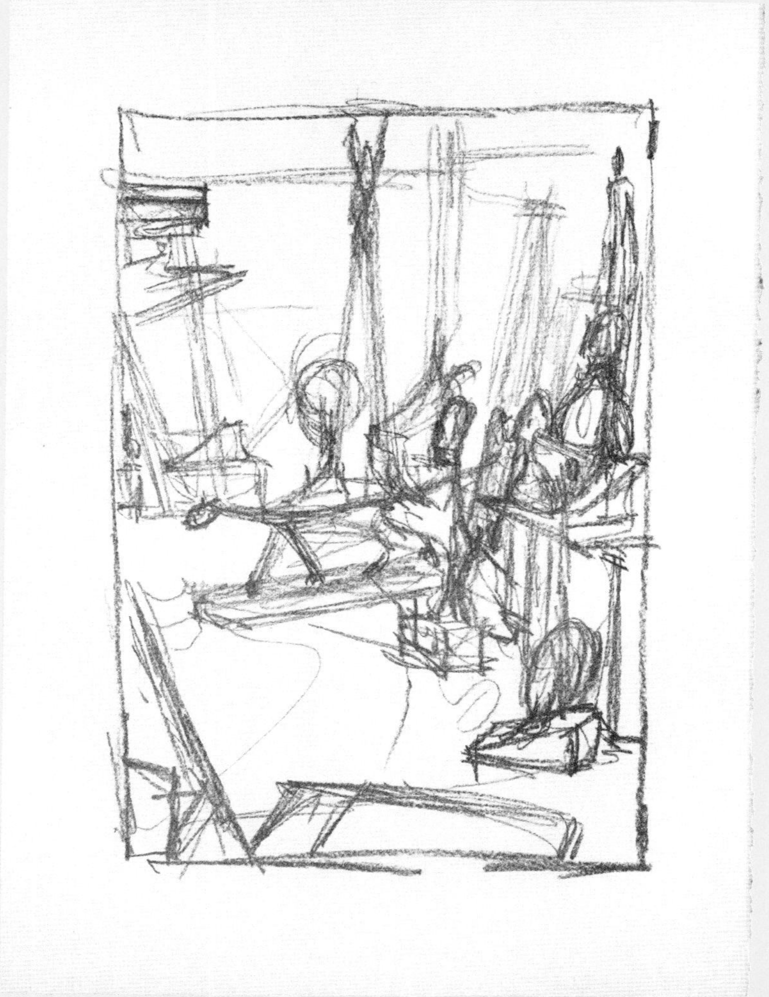

[Coin d'atelier avec « le Chat » II], vers 1954
Lithographie, 50 x 36,7 cm
FAAG 1994-1446

[Corner of the Studio with « The Cat », II], circa 1954
Lithograph, 50 x 36,7 cm
FAAG 1994-1446

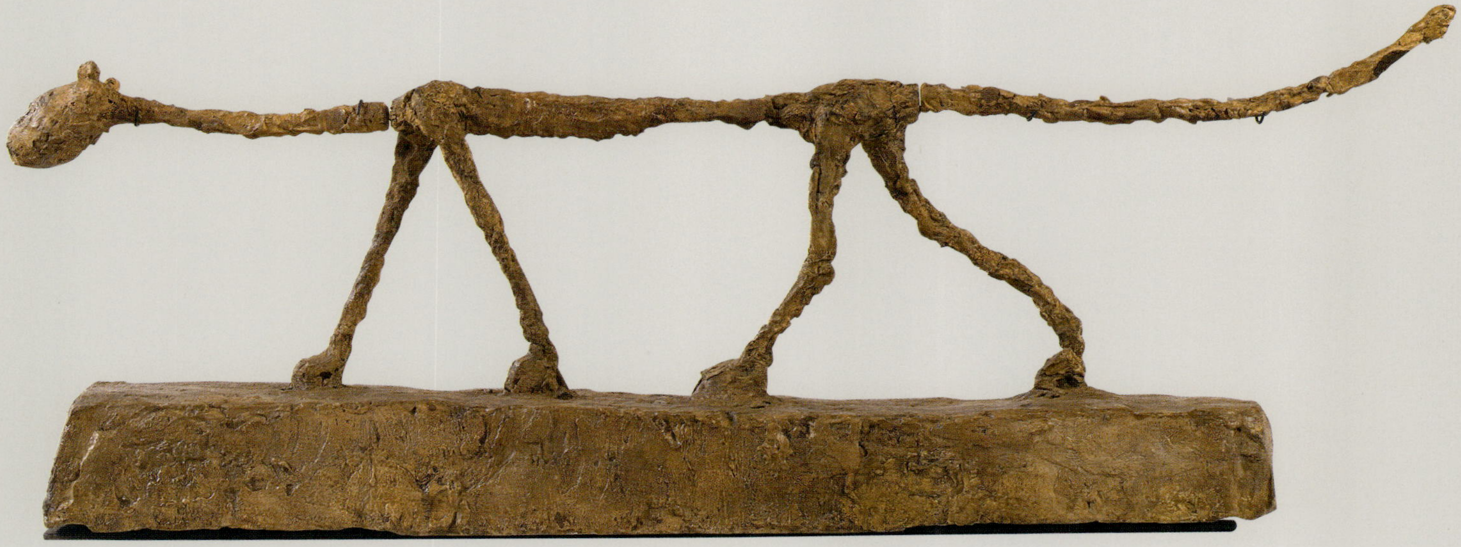

***Le Chat*, 1951**
Plâtre peint enduit d'un isolant pour le moulage
29 x 80,5 x 13,5 cm
FAAG 1994-0348

***The Cat*, 1951**
Painted plaster coated with a parting compound
29 x 80, 5 x 13,5 cm
FAAG 1994-0348

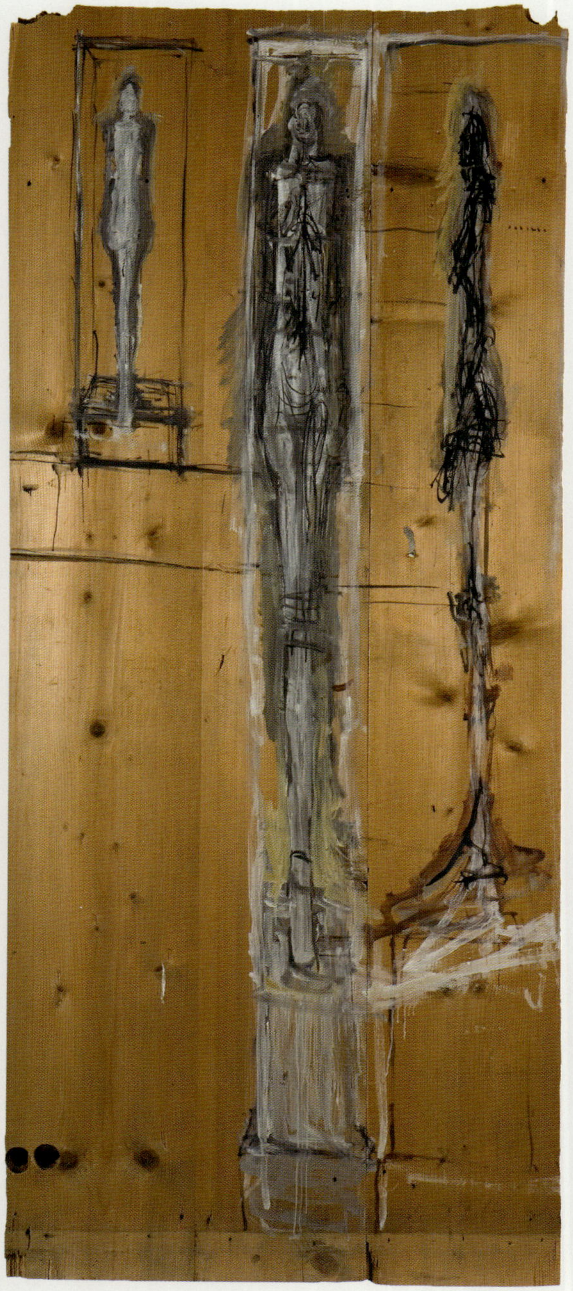

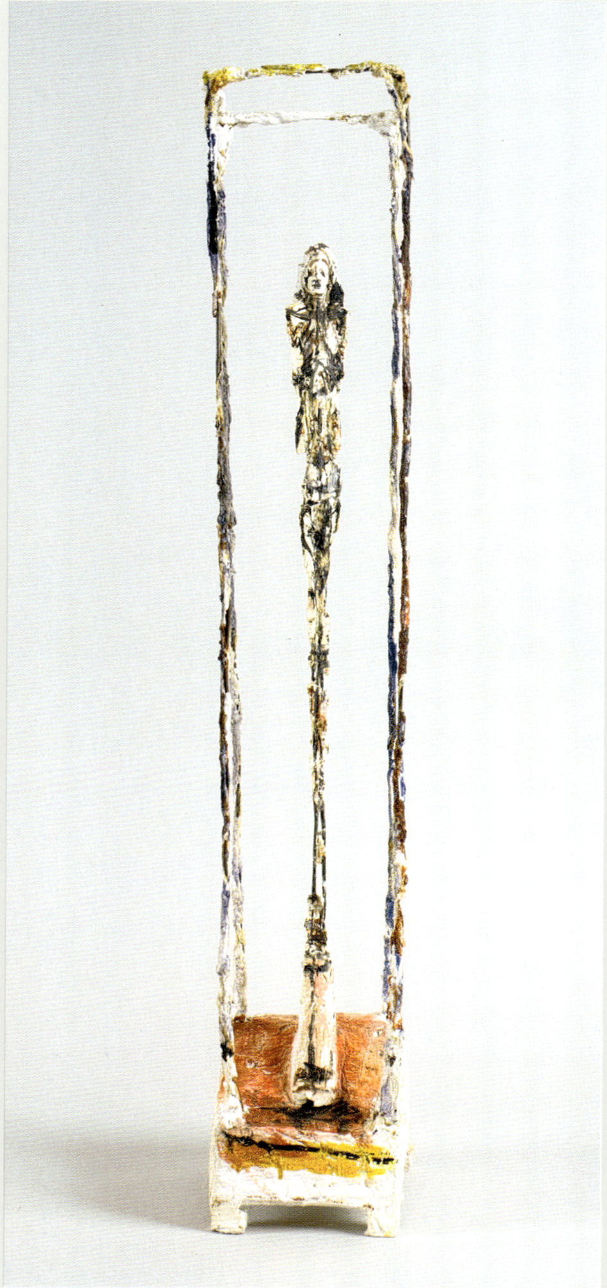

[Deux femmes debout et figurine dans une cage],
fragment de peinture murale, vers 1950
Huile sur panneau de bois découpé
184 x 78,4 x 2,5 cm, FAAG 1994-0581

[Two Standing Women and Figurine in a Cage],
fragment of wall painting, circa 1950
Oil on cut-out wooden panel
184 x 78,4 x 2,5 cm, FAAG 1994-0581

[Figurine dans une cage],
vers 1949-1951
Plâtre peint, 66,8 x 10,7 x 16,5 cm
FAAG 1994-0328

[Figurine in a Cage],
circa 1949-1951
Painted plaster, 66,8 x 10,7 x 16,5 cm
FAAG 1994-0328

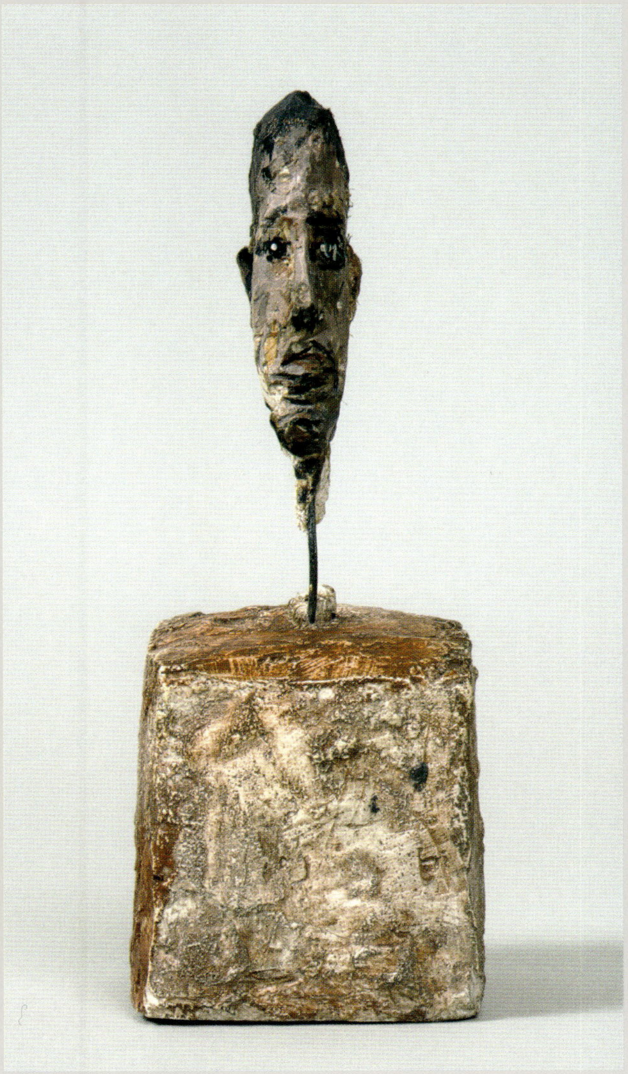

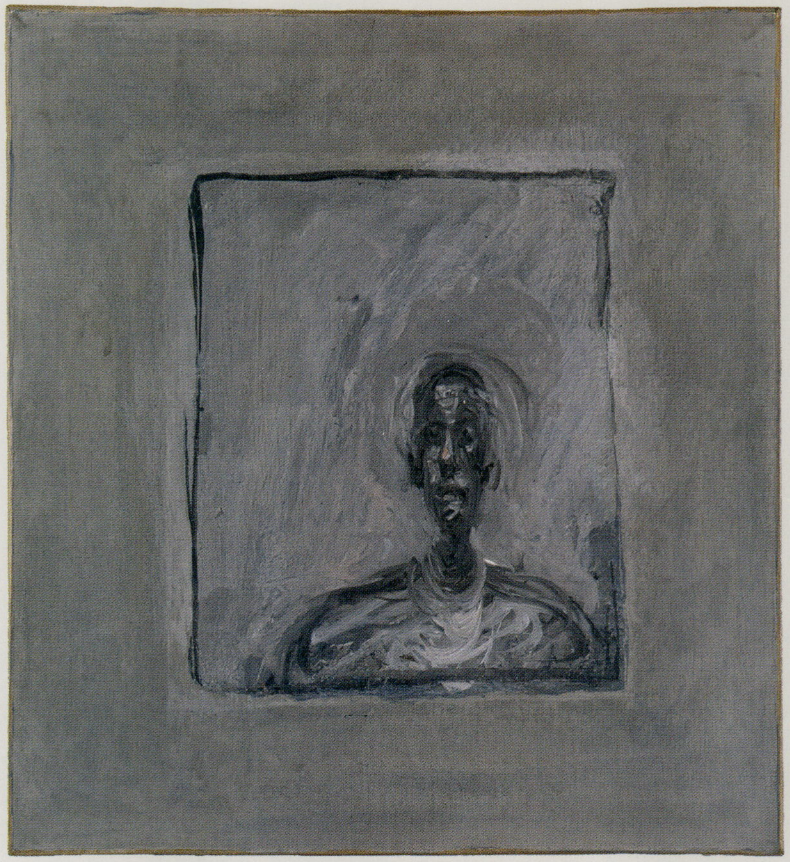

[Tête d'homme sur socle], **vers 1949-1951**
Plâtre peint, 22,3 x 7,5 x 9,5 cm
FAAG 1994-0425

[Head of a Man on a Base], **circa 1949-1951**
Painted plaster, 22,3 x 7,5 x 9,5 cm
FAAG 1994-0425

[Buste d'homme], **vers 1951**
Huile sur toile, 34,1 x 30 cm
FAAG 1994-0647

[Bust of a Man], **circa 1951**
Oil on canvas, 34,1 x 30 cm
FAAG 1994-0647

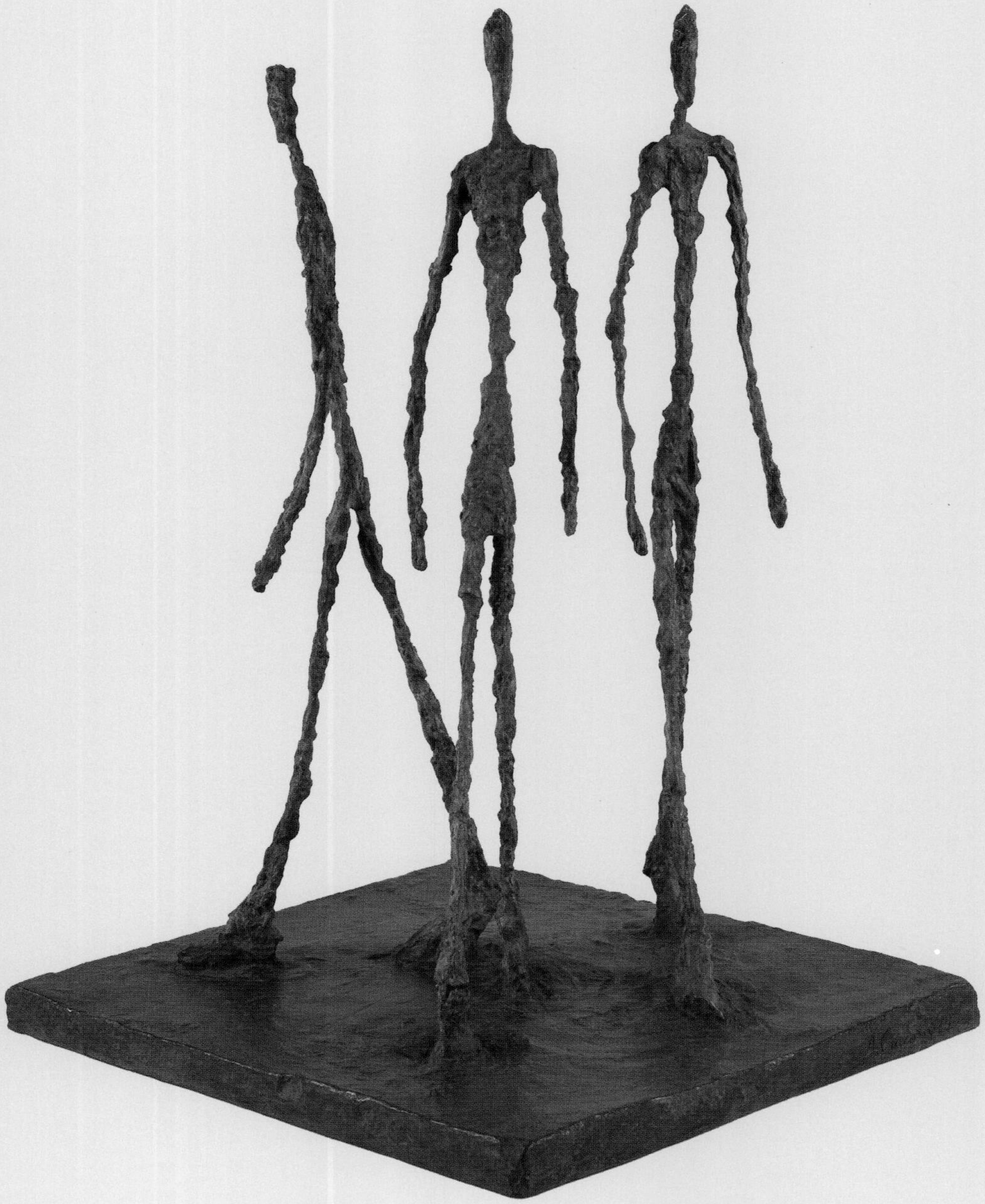

Trois hommes qui marchent, 1948
Bronze 72 x 43 x 41,5 cm
Fonte 2007, épreuve Fondation
Alberto et Annette Giacometti
FAAG 2007-0199

Three Men Walking, 1948
Bronze, 72 x 43 x 41,5 cm
Cast 2007, edition Fondation
Alberto et Annette Giacometti
FAAG 2007-0199

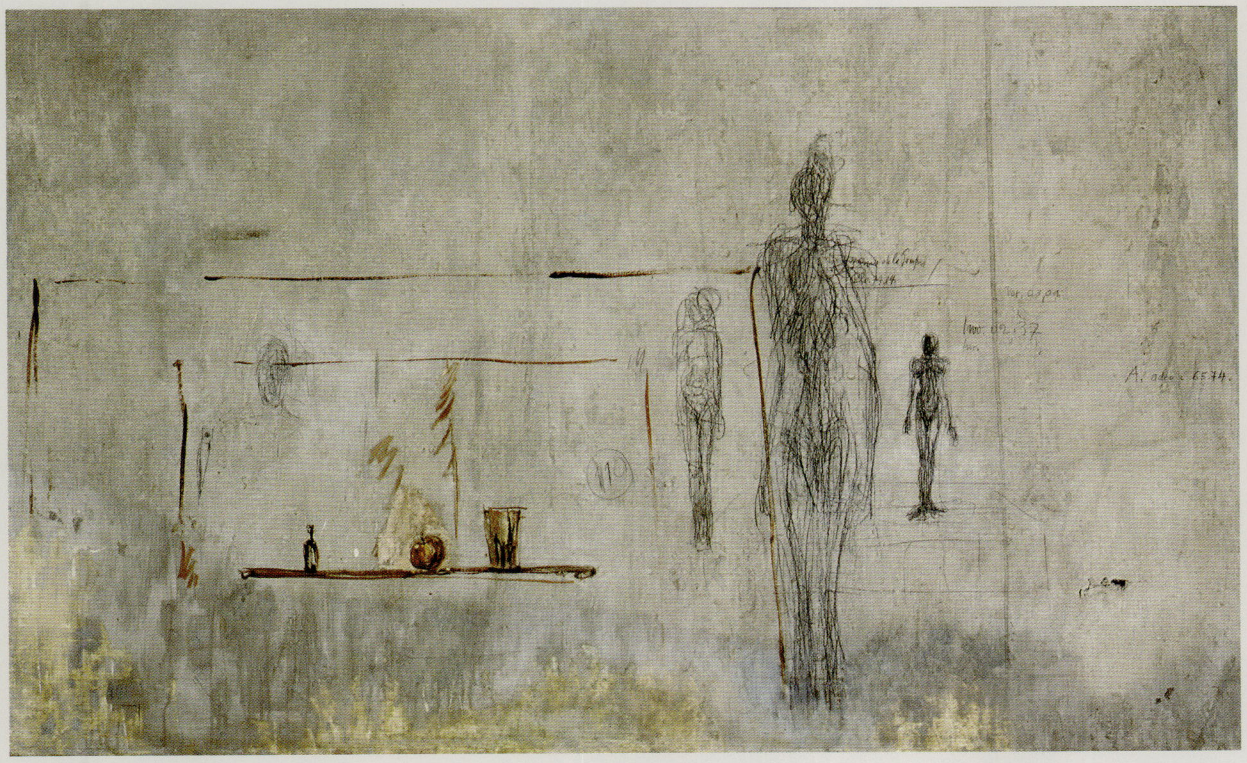

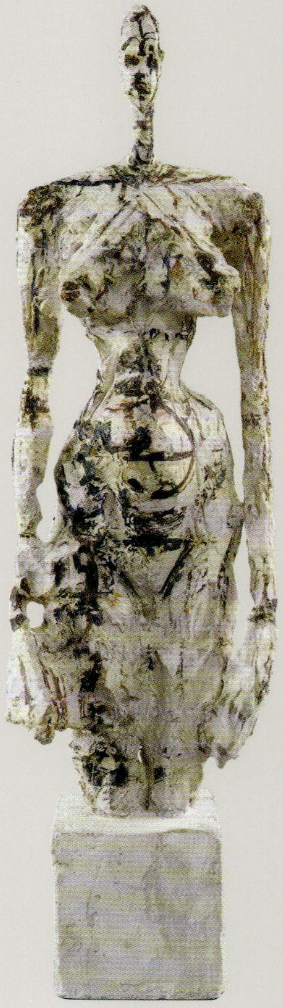

[Nature morte et tête d'homme ; esquisse de figurine debout ; femme debout coupée à mi-jambe ; esquisse de femme debout sur un plateau],
fragment de peinture murale, **état en 1966 (déposé en 1972)**
Huile et crayon sur mur de la chambre, transféré sur toile, 150,4 x 94,1 cm, FAAG 1994-0562

[Still life and head of a man; sketch of standing figurine; standing woman half-length; sketch of a standing woman on a tray],
painted wall fragment from the bedroom, **as left in 1966 (removed in 1972)**, Oil and pencil on wall, transferred on canvas, 150,4 x 94,1 cm, FAAG 1994-0562

[Nu debout sur socle cubique], 1953
Plâtre retravaillé au canif et peint,
43,5 x 11,7 x 11,8 cm
FAAG 1994-0317

[Standing Nude on a Cubic Base], 1953
Plaster reworked with pocket knife and painted,
43,5 x 11,7 x 11,8 cm
FAAG 1994-0317

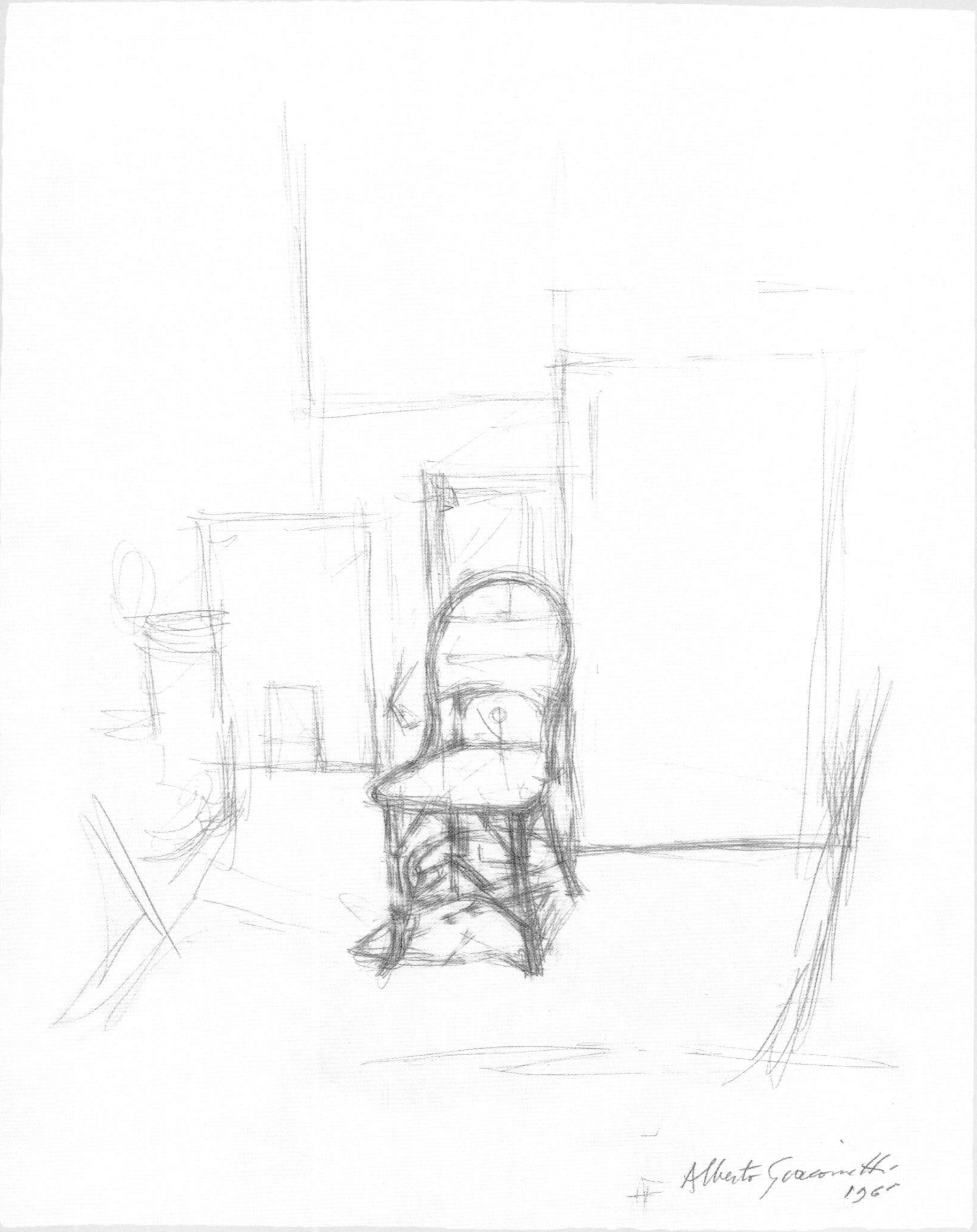

***[Chaise dans l'atelier]*, 1965**
Crayon sur papier, 65 x 50,2 cm
signé et daté : « Alberto Giacometti/1965. » en bas à droite
FAAG 1994-1602

***[Chair in the Studio]*, 1965**
Pencil on paper, 65 x 50,2 cm
Signed and dated : « Alberto Giacometti/1965 » lower right
FAAG 1994-1602

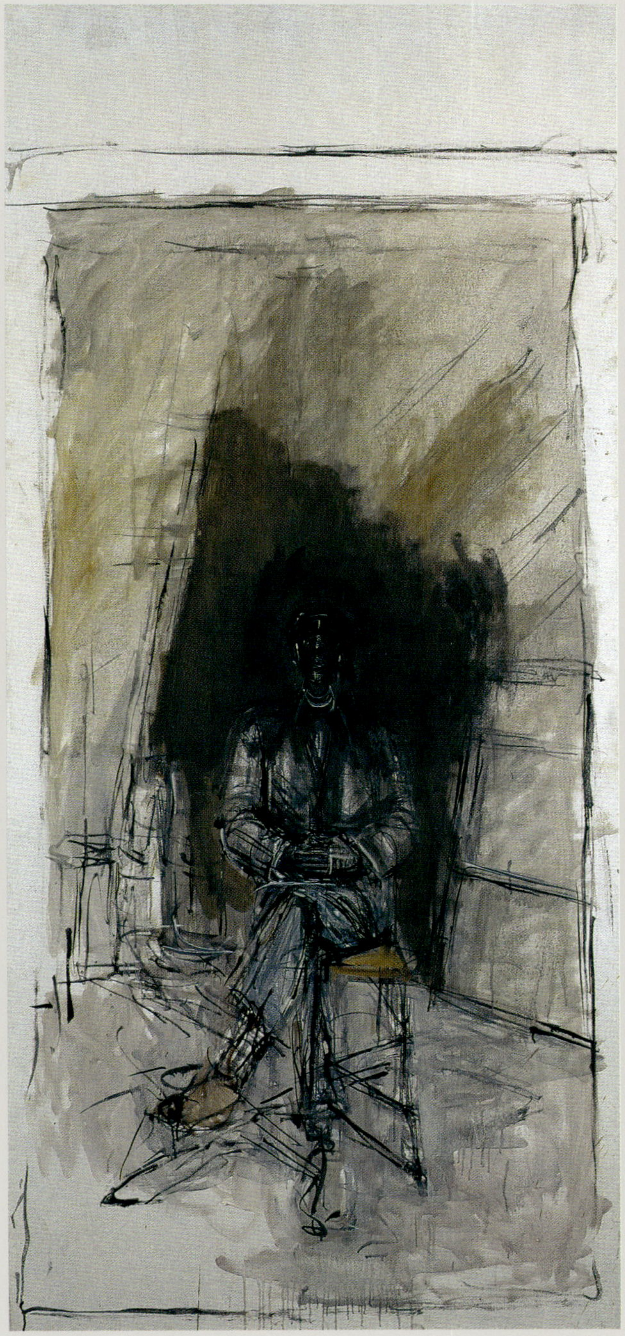

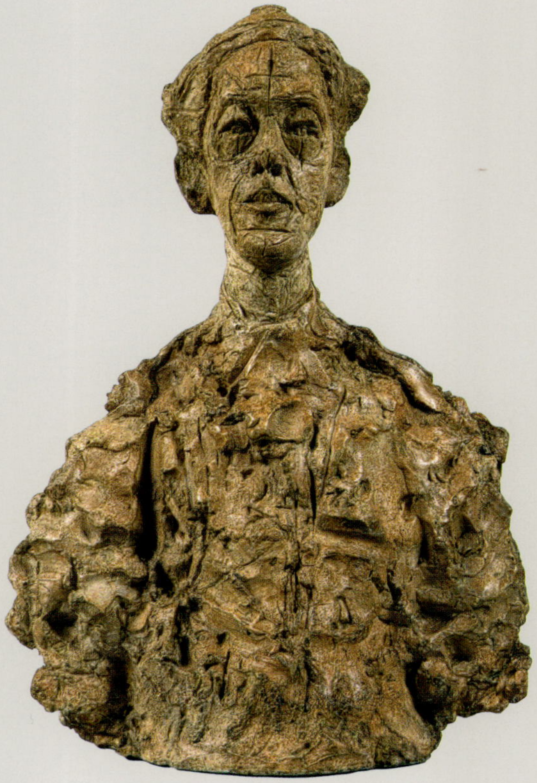

[Yanaihara assis en pied], 1957
Huile sur toile, 155 x 69,5 cm
FAAG 1994-0636

[Yanaihara Seated Full-Length], 1957
Oil on canvas, 155 x 69,5 cm
FAAG 1994-0636

Buste de Yanaihara [I], 1960
Plâtre enduit d'un isolant pour le moulage
45 x 31,3 x 13,4 cm
FAAG 1994-0448

Bust of Yanaihara [I], 1960
Plaster coated with a parting compound
45 x 31,3 x 13,4 cm
FAAG 1994-0448

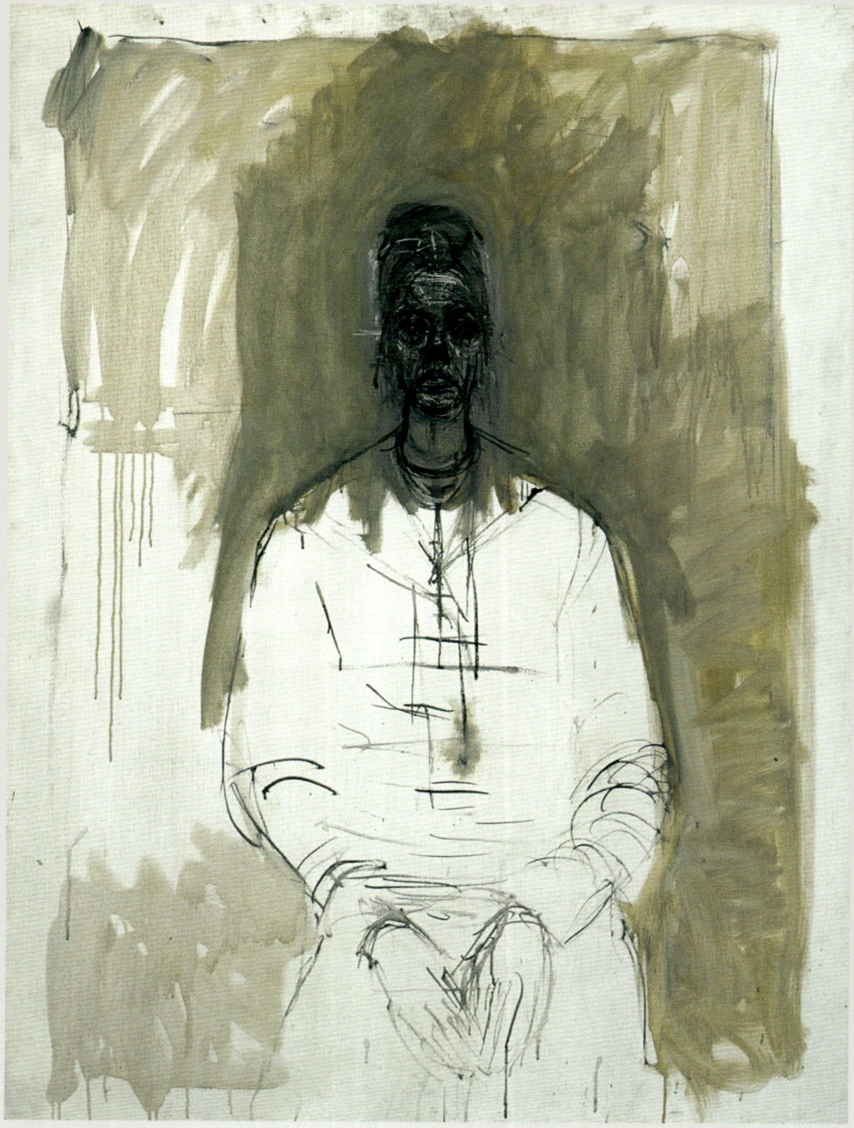

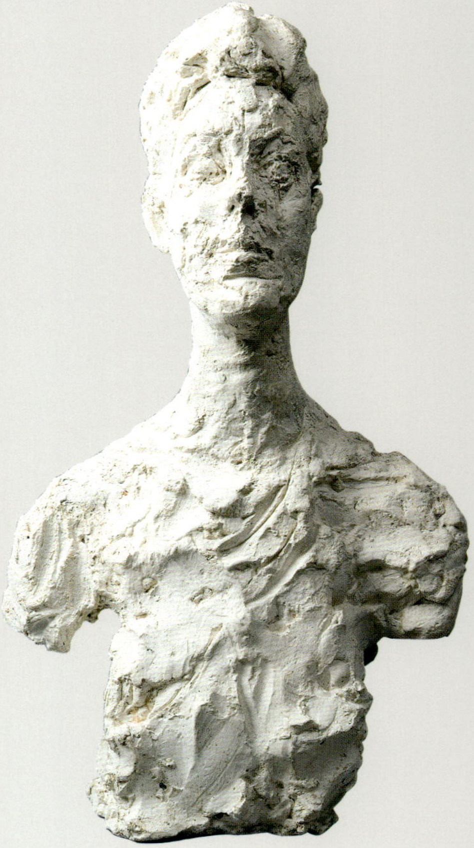

Caroline en larmes, 1962
Huile sur toile, 100 x 73 cm
FAAG 1994-0638

Caroline in Tears, 1962
Oil on canvas, 100 x 73 cm
FAAG 1994-0638

Caroline, 1961
Plâtre, 48 x 28 x 16 cm
FAAG 1994-0253

Caroline, 1961
Plaster, 48 x 28 x 16 cm
FAAG 1994-0253

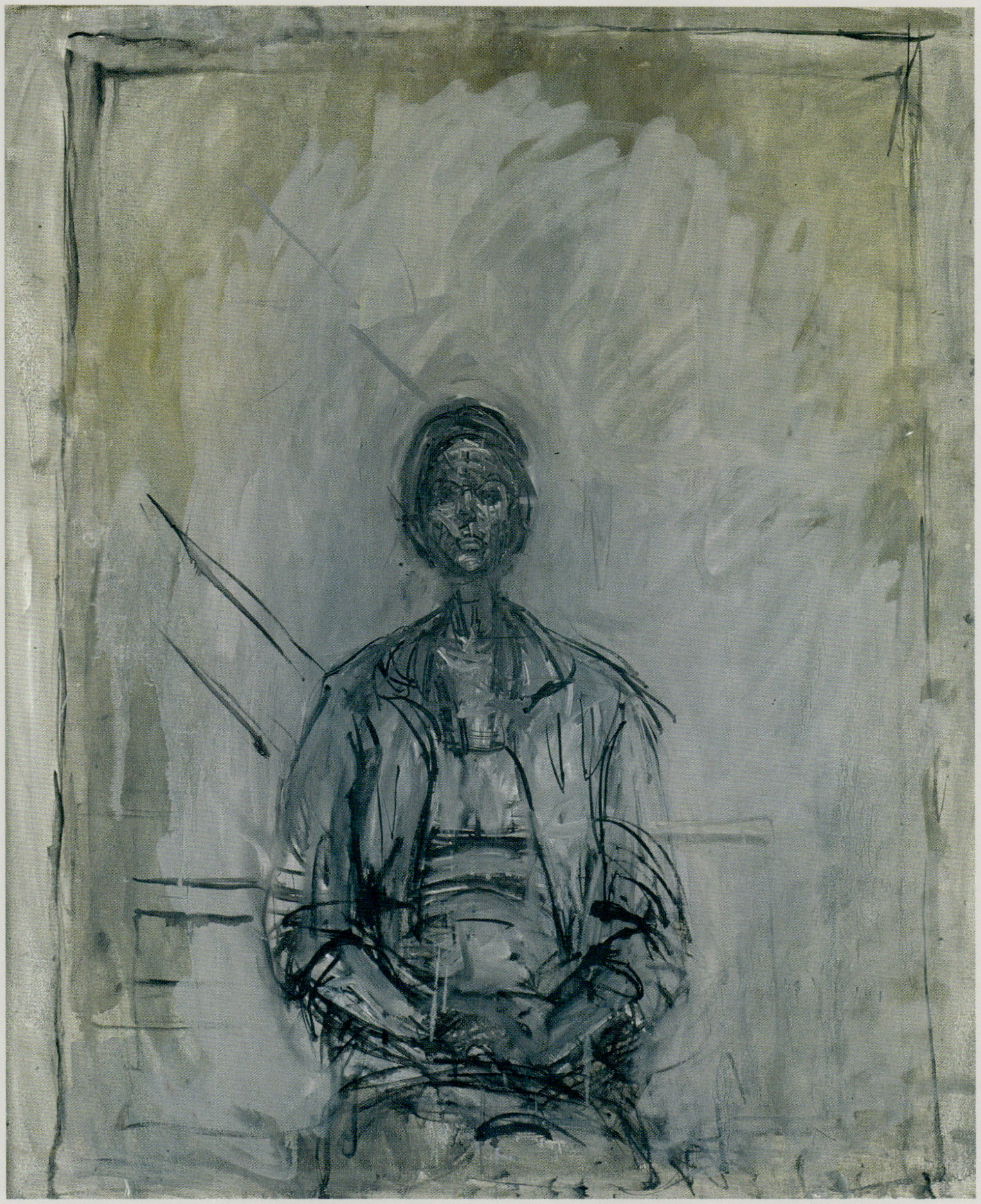

***[Annette assise dans l'atelier]*,** vers 1960
Huile sur toile, 92 x 72,5 cm
FAAG 1994-0639

[Annette Seated in the Studio], circa 1960
Oil on canvas, 92 x 72,5 cm
FAAG 1994-0639

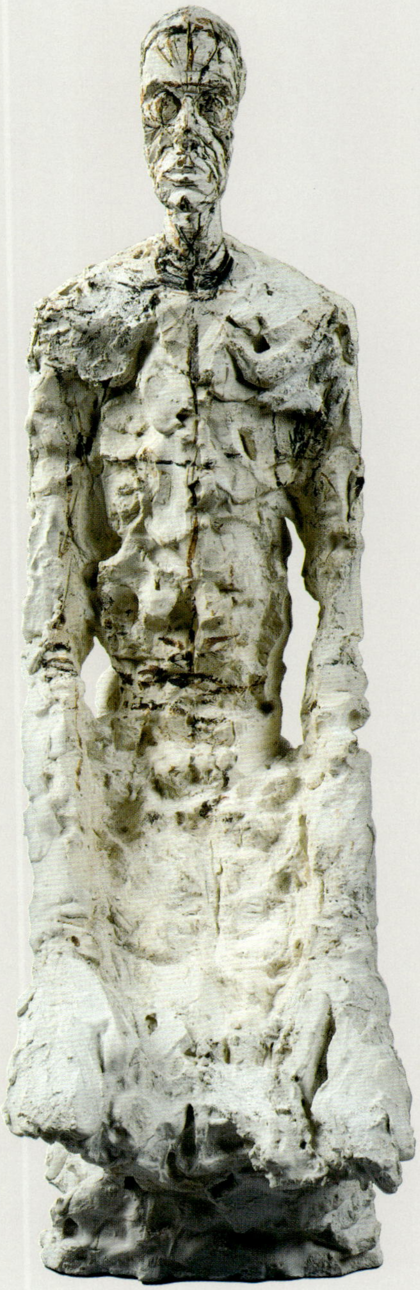

***[Homme assis]*,** 1965
Plâtre retravaillé au canif et peint
60,6 x 19,5 x 32,4 cm
FAAG 1994-0290

***Half-Length of a Man*,** 1965
Plaster reworked with pocket knife and painted
60,6 x 19,5 x 32, 4 cm
FAAG 1994-0290

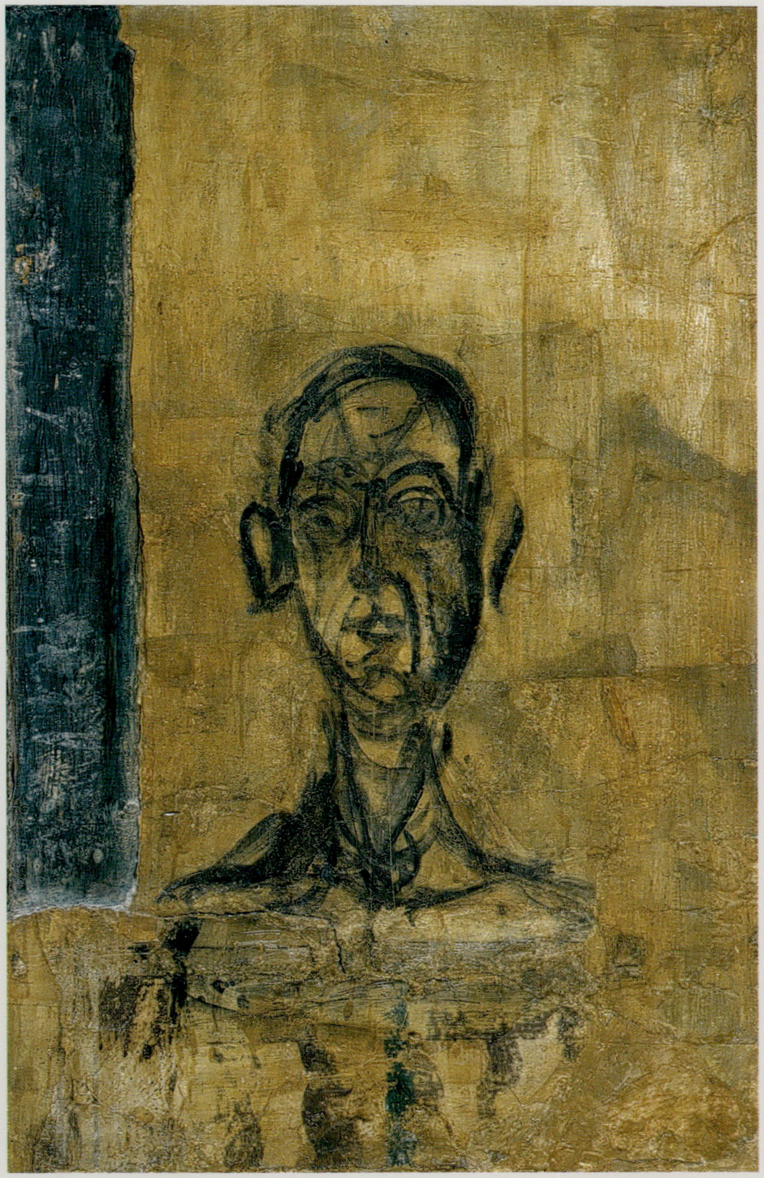

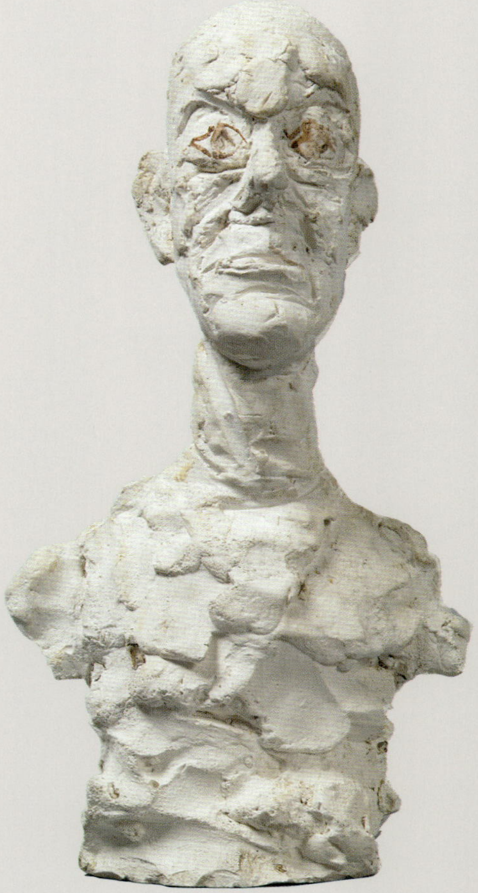

[Buste d'homme sur console aux pieds torsadés], fragment de peinture murale, **1958-1966 (déposé en 1972)**
Huile sur mur de l'atelier et poutre en bois,
transféré sur plâtre d'intervention,
contrecollé sur panneau en nid d'abeille, FAAG 1994-0551

[Bust of a Man on a Table with Twisted Legs], painted wall fragment from the studio, **1958-1966 (removed in 1972)**
Oil on wall and wooden beam, transferred on plaster,
pasted on honeycombed panel, FAAG 1994-0551

[Buste d'homme], **n.d.**
Plâtre peint
33 x 17,4 x 12 cm
FAAG 1994-0267

[Bust of a Man], **undated**
Painted plaster
33 x 17,4 x 12 cm
FAAG 1994-0267

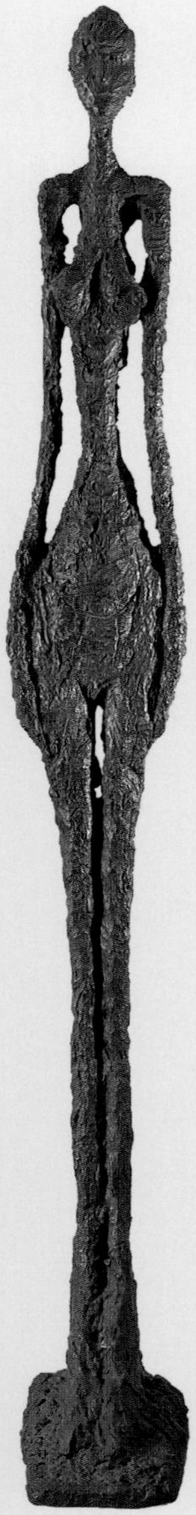

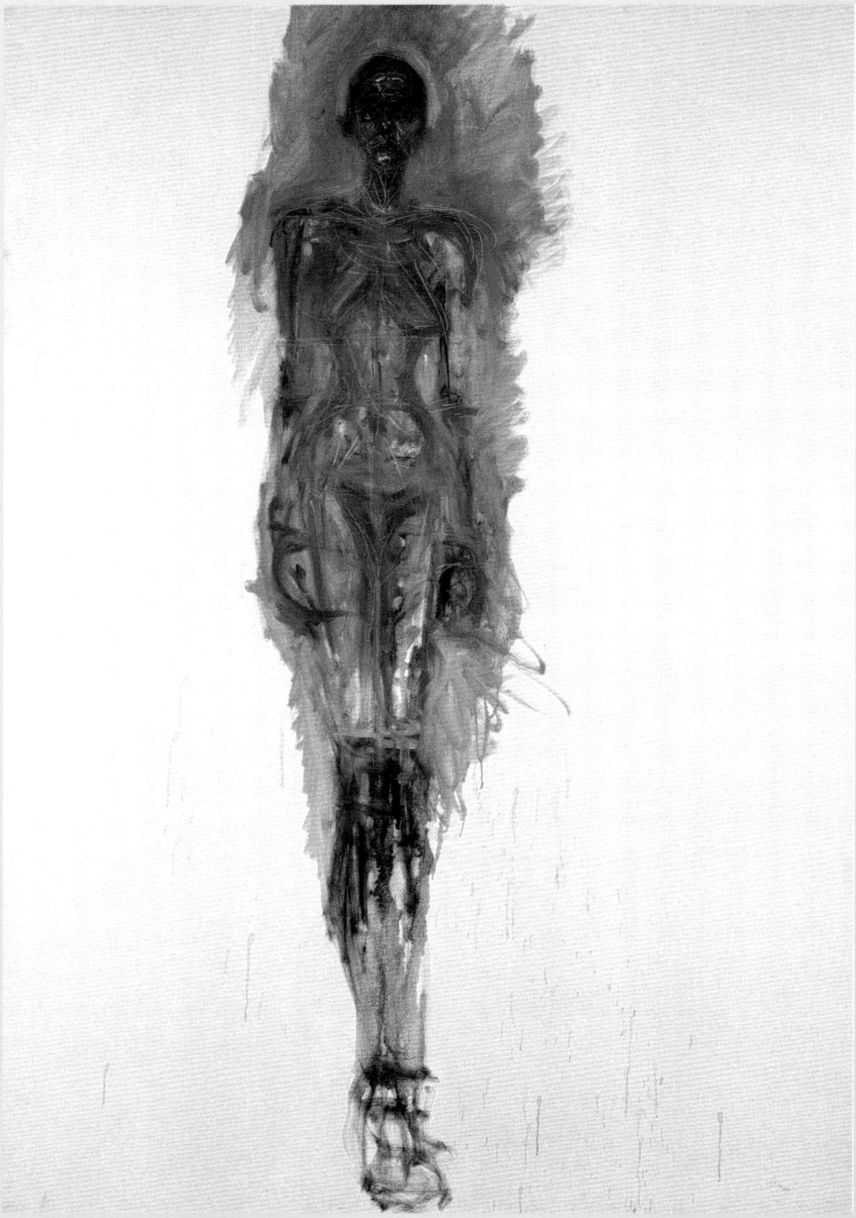

***Grande femme IV*,** 1960-1961
Bronze, 270 x 31,5 x 56,5 cm
Fonte 1980-1981,épreuve Fondation
Alberto et Annette Giacometti
FAAG 1994-0174

***Tall Woman IV*,** 1960-1961
Bronze, 270 x 31,5 x 56,5 cm
Cast 1980-1981, edition Fondation
Alberto et Annette Giacometti
FAAG 1994-0174

***[Grand nu]*,** vers 1961
Huile sur toile, 170 x 120,5 cm
FAAG 1994-0623

***[Tall Nude]*,** circa 1961
Oil on canvas, 170 x 120,5 cm
FAAG 1994-0623

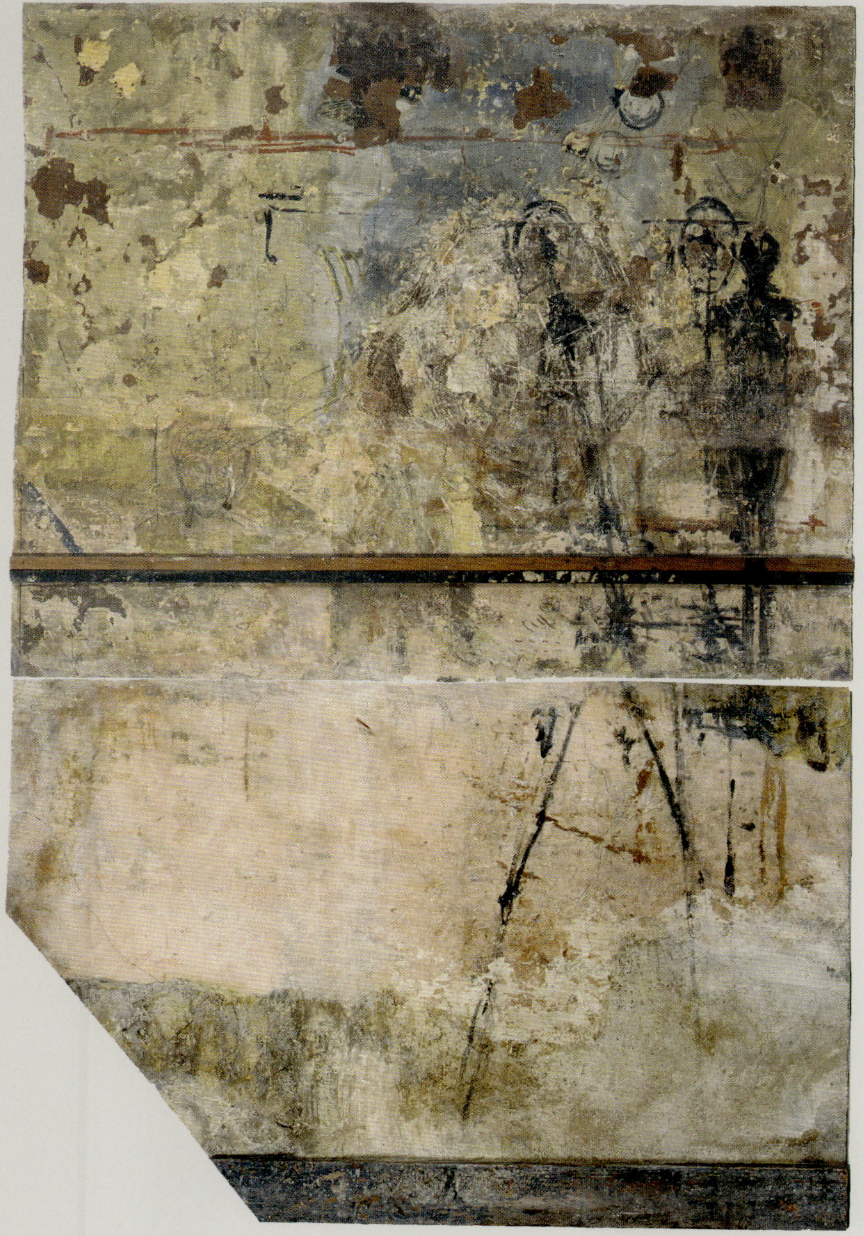

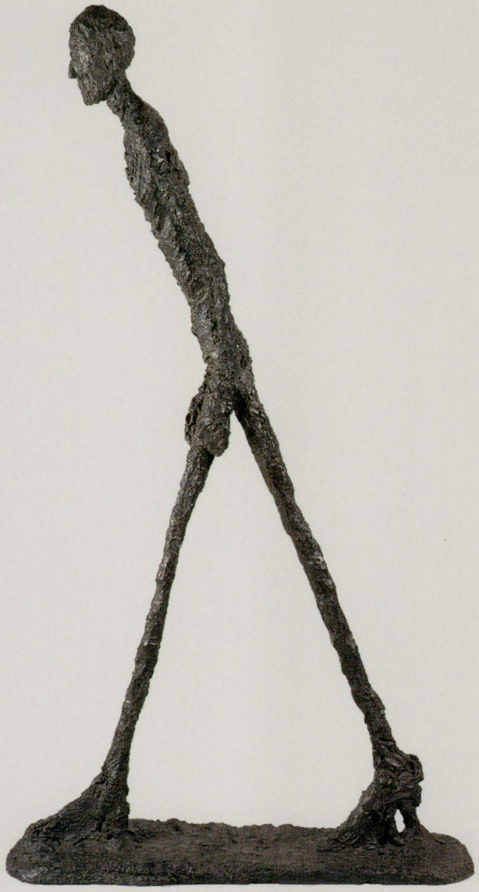

[Tête de femme de face; deux esquisses pour l'«Homme qui marche» (profil et face); femme debout de face],
fragment de peinture murale, état en 1966 (déposé en 1972)
Huile, crayon et incisions sur mur de l'atelier, transféré sur plâtre d'intervention, contrecollé sur panneau en nid d'abeille (en deux parties), 223 x 151 cm, FAAG 1994-0545

[Head of a Woman face on, two Sketches for "Walking Man" (profile and front); Standing Woman face on],
painted wall fragment from the studio, as left in 1966 (removed in 1972) Oil, pencil and engravings on wall, transferred on plaster, pasted on honeycombed panel
223 x 151 cm, FAAG 1994-0545

L'Homme qui marche I, 1960
Bronze, 180,5 x 23,9 x 97 cm
Fonte 1981, épreuve Fondation Alberto et Annette Giacometti
FAAG 1994-0186

Walking Man I, 1960
Bronze, 180,5 x 23,9 x 97 cm
Cast 1981, edition
Fondation A. A. Giacometti
FAAG 1994-0186

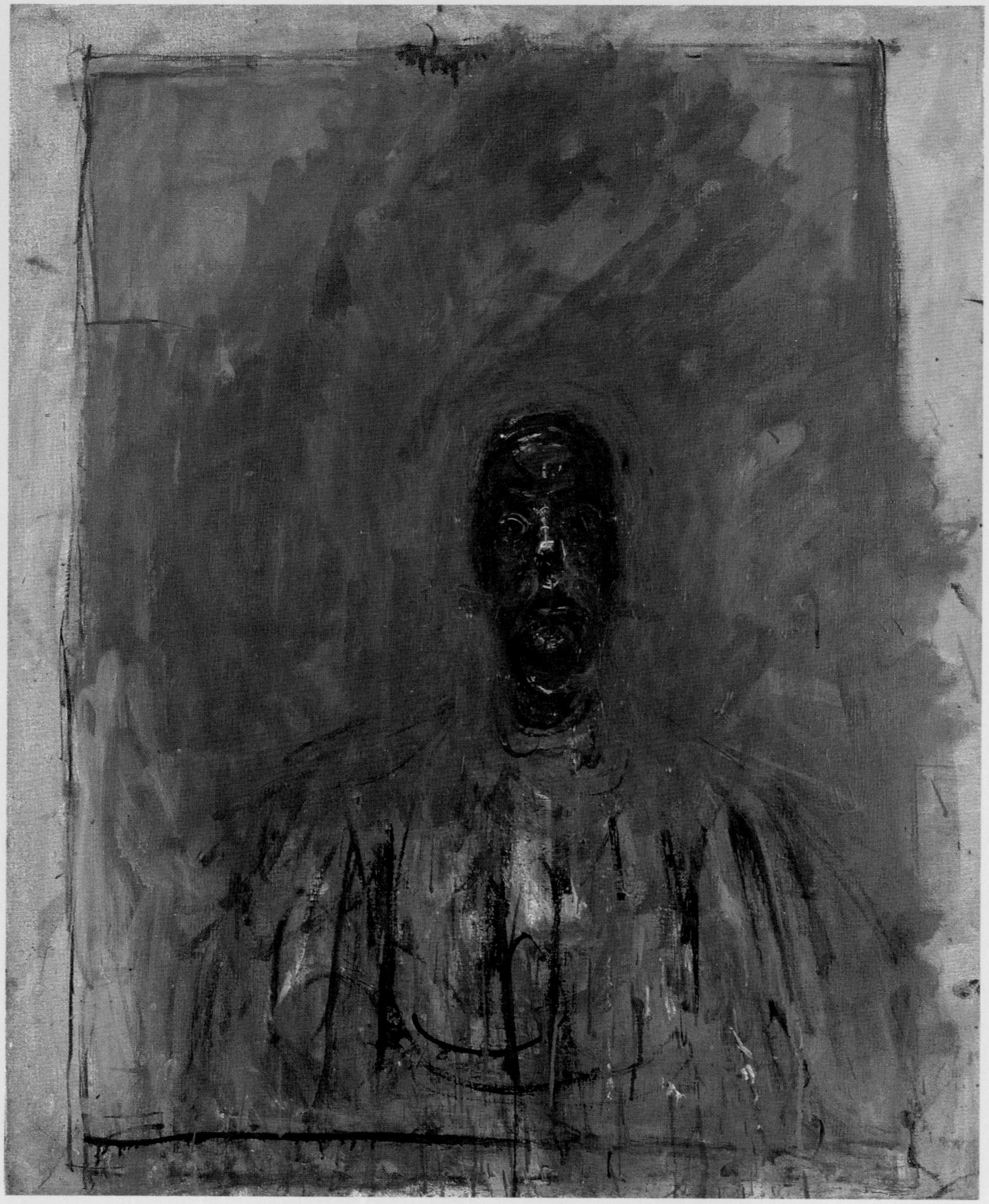

[Tête noire], vers 1957-1959
Huile sur toile, 81,4 x 65 cm
FAAG 1994-0589

[Dark Head], circa 1957-1959
Oil on canvas, 81,4 x 65 cm
FAAG 1994-0589

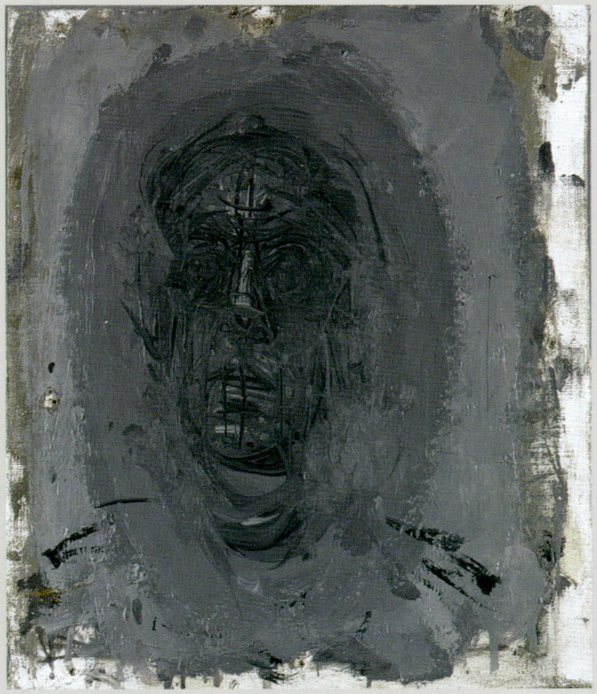

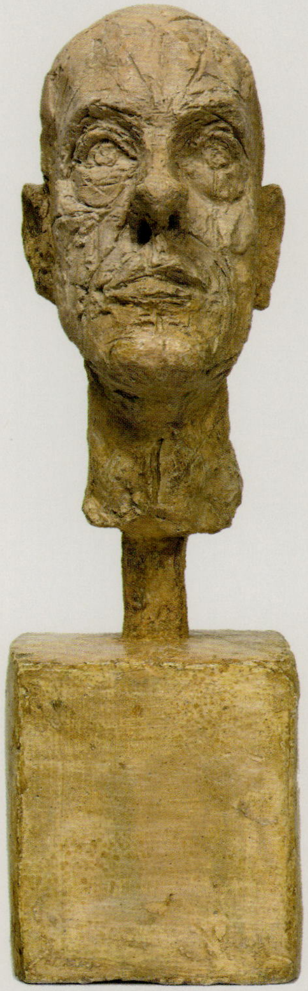

[Tête d'homme de face],
vers 1956-1957
Huile sur toile, 26,1 x 21,6 cm
FAAG 1994-0610

[Head of a Man Face On],
circa 1956-1957
Oil on canvas, 26,1 x 21,6 cm
FAAG 1994-0610

[Tête de Diego sur tige], **1958**
Plâtre enduit d'un isolant pour le moulage
20,4 x 8,5 x 11,8 cm
Inscrit au pinceau : « Plâtre original »
sur le côté du socle, à sa droite.
FAAG 1994-0395

[Head of Diego on a Rod], **1958**
Plaster coated with a parting compound
20,4 x 8,5 x 11,8 cm
Inscribed with brush : « Plâtre original »
on the side of the base, on the right
FAAG 1994-0395

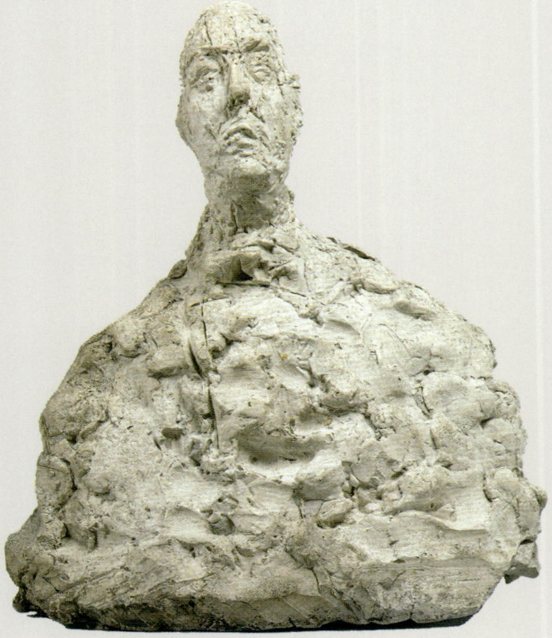

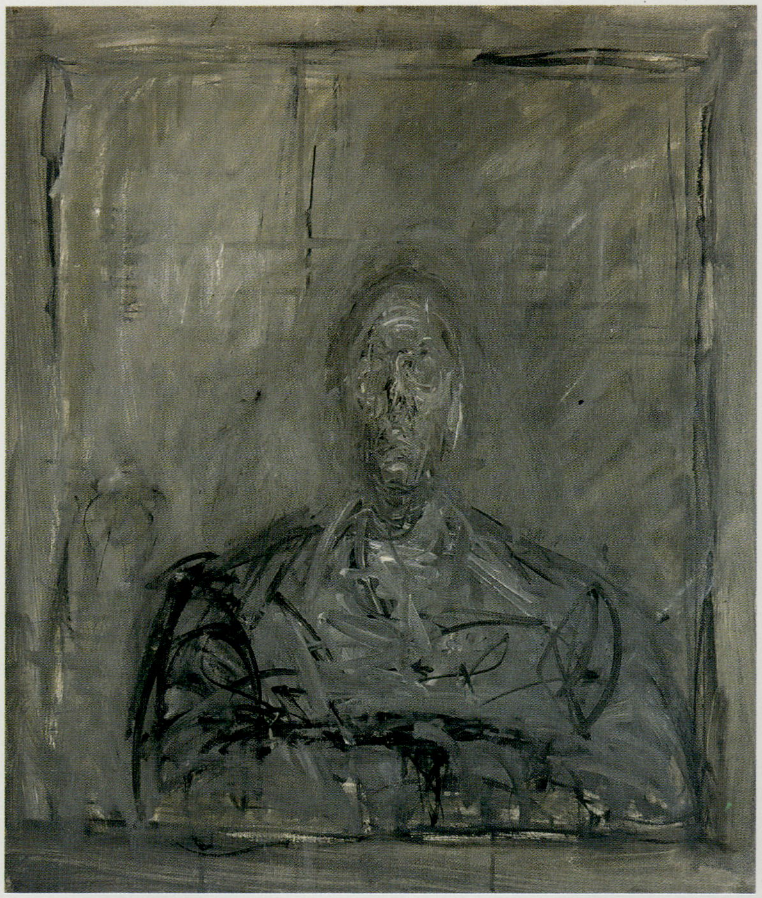

***[Buste de Fraenkel II]*, 1960**
Plâtre, 29,4 x 25 x 16,3 cm
FAAG 1994-0260

***[Bust of Fraenkel II]*, 1960**
Plaster, 29,4 x 25 x 16,3 cm
FAAG 1994-0260

***[Buste d'homme (Fraenkel)]*, vers 1954**
Huile sur toile, 46 x 38,1 cm
FAAG 1994-0632

***[Bust of a Man (Fraenkel)]*, circa 1954**
Oil on canvas, 46 x 38,1 cm
FAAG 1994-0632

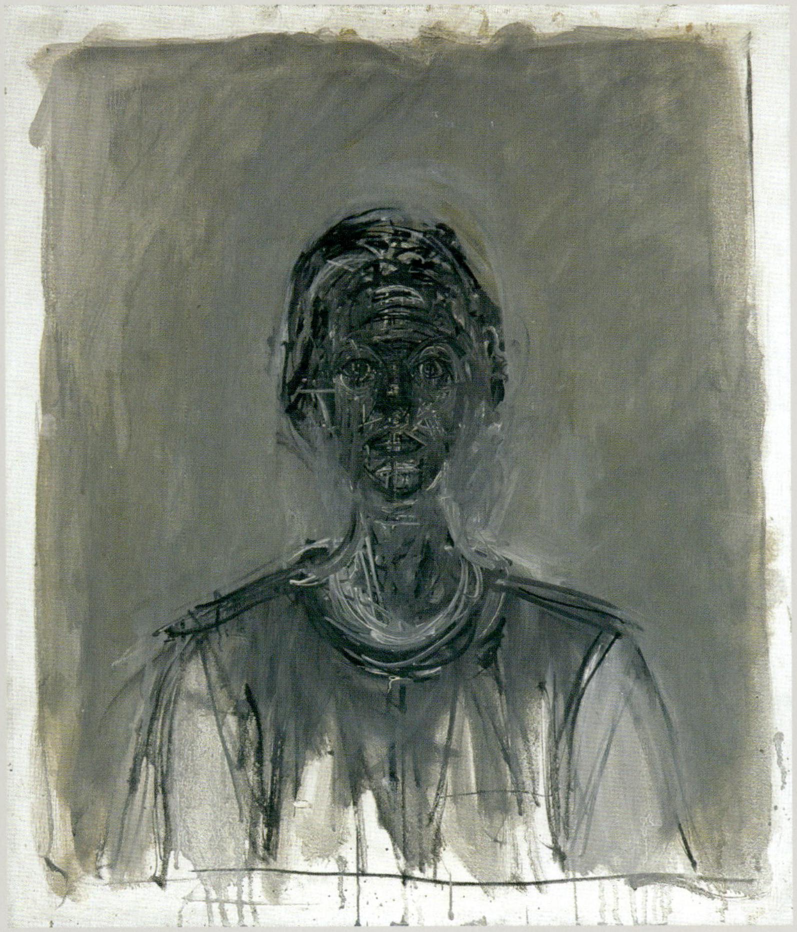

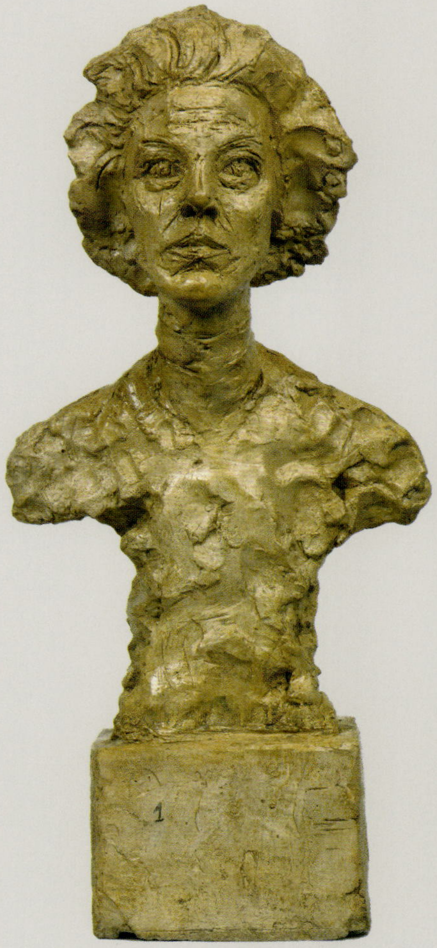

***[Annette en buste]*, 1962**
Huile sur toile, 55 x 45,8 cm
FAAG 1994-0618

***[Bust of Annette]*, 1962**
Oil on canvas, 55 x 45,8 cm
FAAG 1994-0618

***Buste d'Annette VII*, 1962**
Plâtre enduit d'un isolant pour le moulage
61,5 x 27,1 x 21,7 cm
FAAG 1994-0246

***Bust of Annette VII*, 1962**
Plaster coated with a parting compound
61,5 x 27,1 x 21,7 cm
FAAG 1994-0246

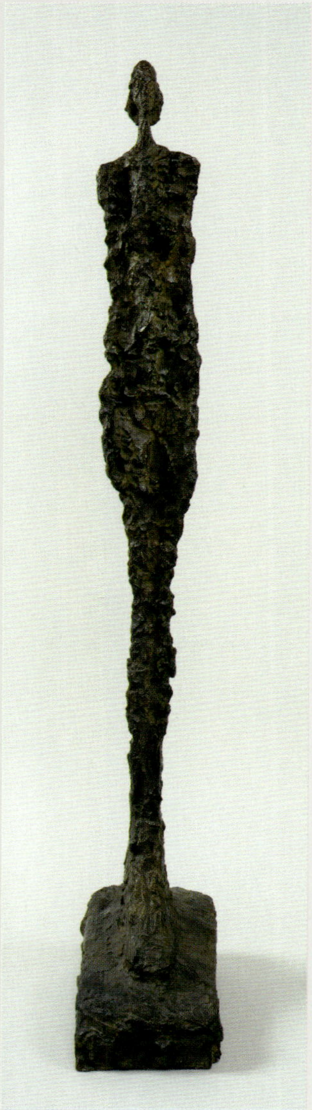

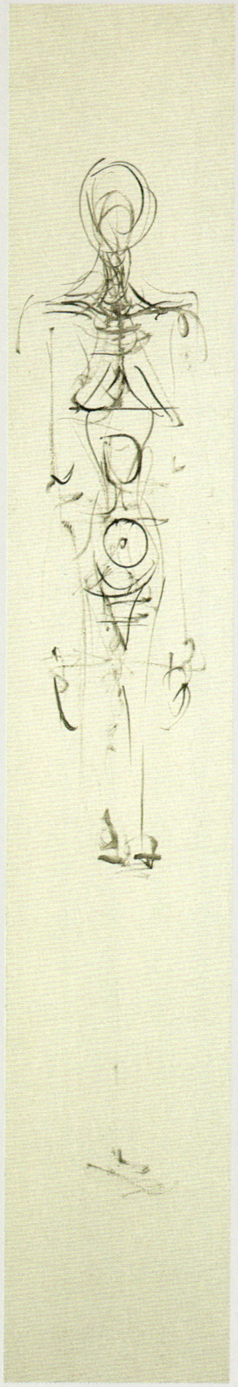

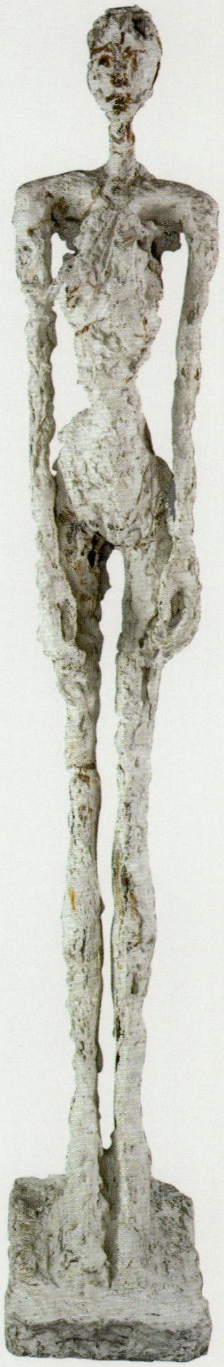

***Femme de Venise III*, 1956**
Bronze, 118,5 x 17,8 x 35,1 cm
Fonte 1973, épreuve Fondation Alberto et Annette Giacometti
FAAG 1994-0119

***Venice Woman III*, 1956**
Bronze, 118,5 x 17,8 x 35,1 cm
Cast 1973, edition Fondation Alberto et Annette Giacometti
FAAG 1994-0119

***[Grand nu debout]*, vers 1960**
Huile sur toile, 150 x 25 cm
FAAG 1994-0586

***[Tall Nude]*, circa 1960**
Oil on canvas, 150 x 25 cm
FAAG 1994-0586

***[Grande femme]*, 1958**
Plâtre peint, 188,3 x 28,8 x 40,9 cm
FAAG 1994-0337

***[Tall Woman]*, 1958**
Painted plaster, 188,3 x 28,8 x 40,9 cm
FAAG 1994-0337

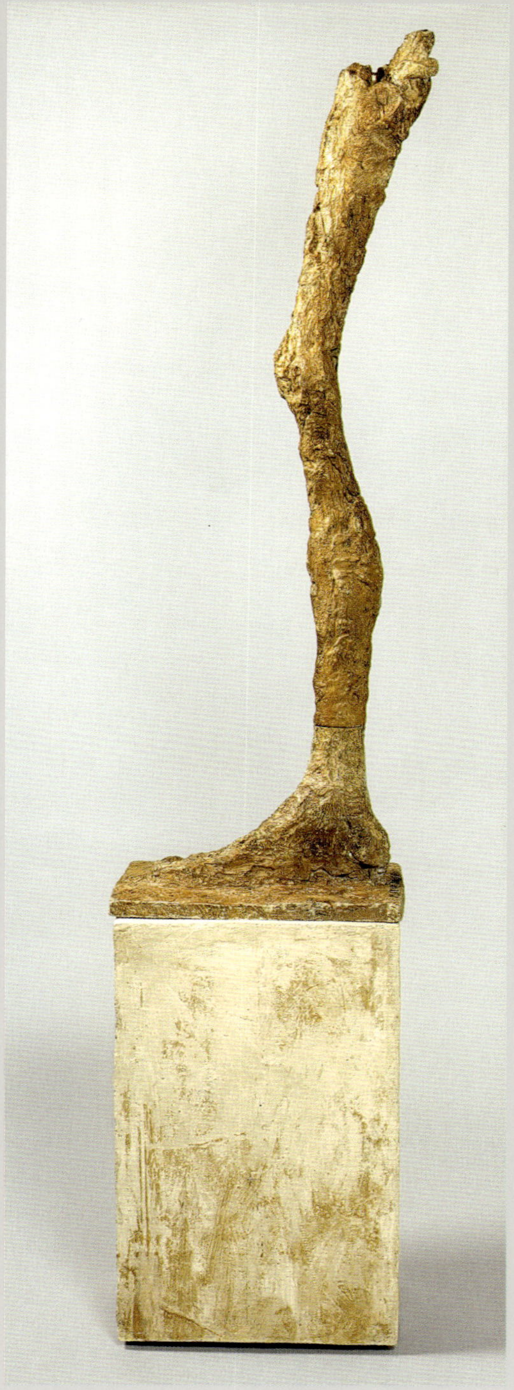

« Le désir, le plaisir physique d'avoir devant moi à une hauteur précise un pied d'une dimension précise, le genou à telle hauteur et le haut de la cuisse à ce point précis au-dessus de moi. »

Alberto Giacometti à Eduard Trier sur
La Jambe, 13 février 1960

"The desire, the physical pleasure of having in front of me at a precise height a foot of a precise dimension, the knee at such and such a height and the top of the thigh at that precise point above me."

Alberto Giacometi to Eduard Trier on
La Jambe/The Leg, February 13th, 1960

La Jambe, **1958**
Plâtre, enduit d'un isolant pour le moulage
223 x 30,3 x 46,1 cm
FAAG 1994-0347

The Leg, **1958**
Plaster coated with a parting compound
223 x 30,3 x 46,1 cm
FAAG 1994-0347

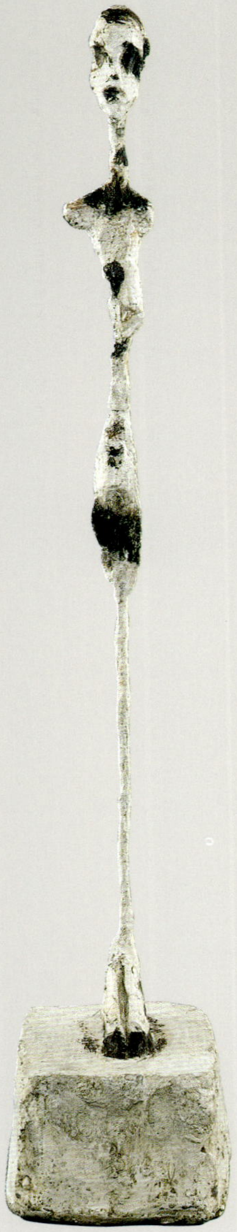

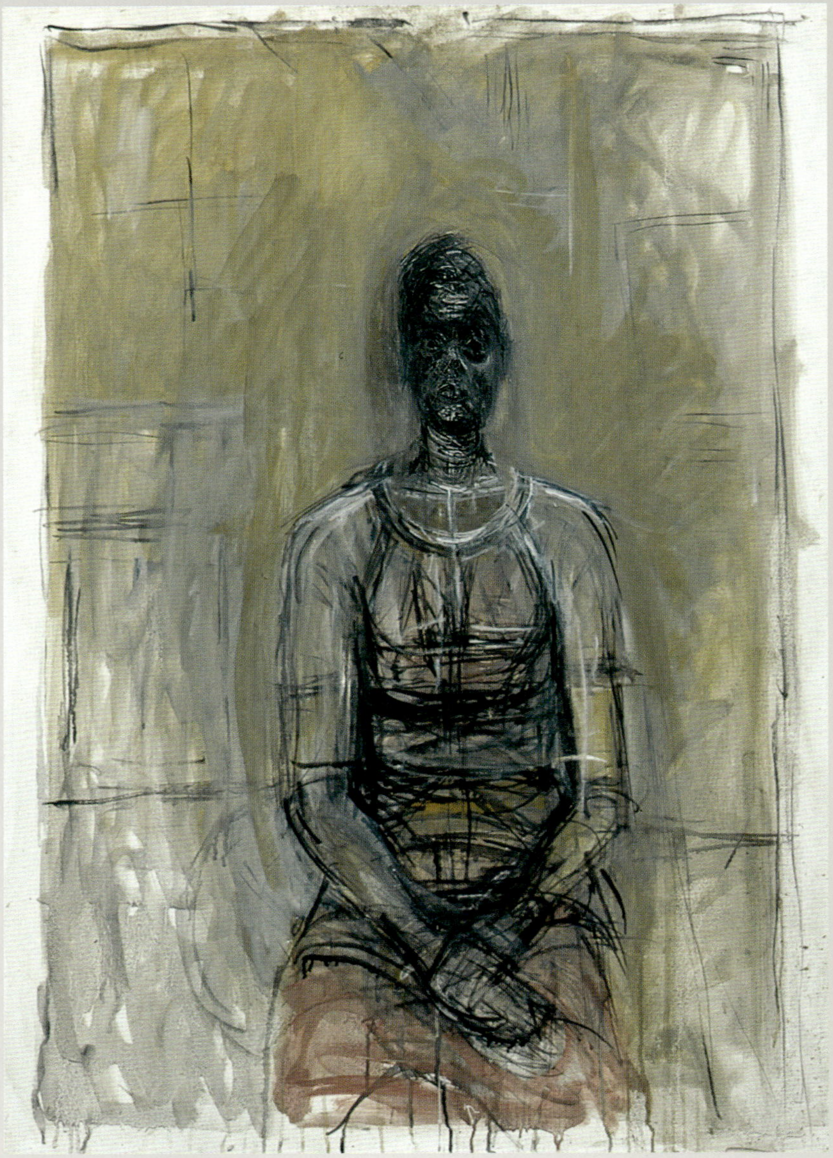

[Femme debout], vers 1961
Plâtre peint, 46 x 7,6 x 11,2 cm
FAAG 1994-0307

[Standing Woman], circa 1961
Painted plaster, 46 x 7,6 x 11,2 cm
FAAG 1994-0307

Caroline avec une robe rouge, 1965
Huile sur toile, 92,3 x 65,4 cm
FAAG 1994-0619

Caroline in a Red Dress, 1965
Oil on canvas, 92,3 x 65,4 cm
FAAG 1994-0619

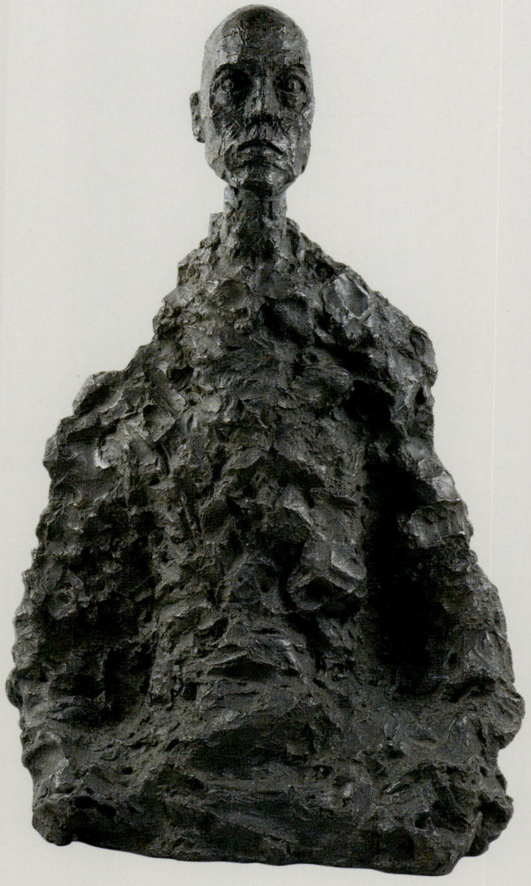

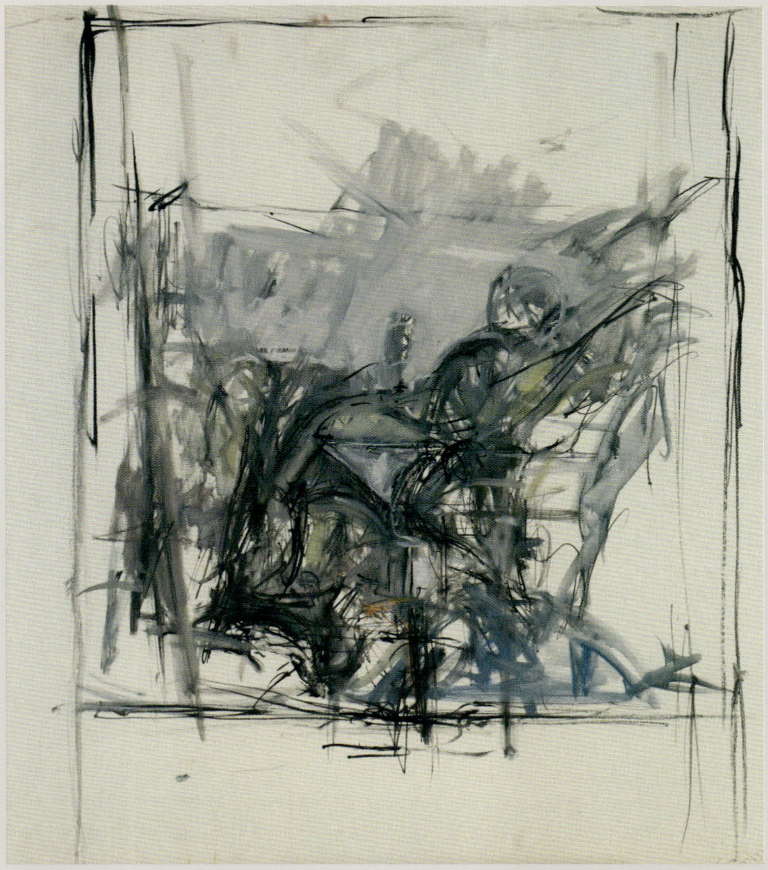

[Buste d'homme (Lotar II)],
vers 1964-1965, Bronze, 57,8 x 37,2 x 25 cm
Fonte 1969, épreuve Fondation
Alberto et Annette Giacometti
FAAG 1994-0079

[Bust of a Man (Lotar II)],
circa 1964-1965, Bronze, 57,8 x 37,2 x 25 cm
Cast 1969, edition Fondation
Alberto et Annette Giacometti
FAAG 1994-0079

[Paysage à Stampa], **vers 1961**
Huile sur toile, 68,8 x 60 cm
FAAG 1994-0625

[Landscape at Stampa], **circa 1961**
Oil on canvas, 68,8 x 60 cm
FAAG 1994-0625

Centre national d'art et de culture Georges Pompidou

Alain Seban
Président

Agnès Saal
Directrice générale

Alfred Pacquement
Directeur du Musée national d'art moderne-Centre de création industrielle

Le Centre national d'art et de culture Georges Pompidou est un établissement public national placé sous la tutelle du ministère chargé de la Culture (loi n° 75-1 du 3 janvier 1975).

Fondation Alberto et Annette Giacometti

Jacques Vistel
Président

Véronique Wiesinger
Directrice et commissaire de l'exposition

La Fondation Alberto et Annette Giacometti est une fondation reconnue d'utilité publique par décret en Conseil d'État du 10 décembre 2003.

Exposition

Véronique Wiesinger, commissaire
assistée de **Cecilia Braschi**

Réalisation et coordination
Marie-Odile Caussin-Peynet
assistée de **Orida Djada**

Scénographie
Maciej Fisczer
assisté de **Sophie Schenk**
et **Danaé Colomer**

Album

Cet album a été édité à l'occasion de l'exposition « L'atelier d'Alberto Giacometti. Collection de la Fondation Alberto et Annette Giacometti », présentée au Centre Pompidou, galerie 1, du 17 octobre 2007 au 11 février 2008.

Conception
Véronique Wiesinger

Traduction vers l'anglais
Simon Pleasance

Conception graphique et mise en page
Sébastien Sans

Fabrication
Martial Lhuillery

Éditions du Centre Pompidou

Directrice
Annie Pérez

Pôle éditorial
Françoise Marquet

Pôle commercial
Benoît Collier

Administration des Éditions
Nicole Parmentier

Droits et contrats
Claudine Guillon, Matthias Battestini

Pôle administration des ventes
Josiane Peperty

Communication
Évelyne Poret

Crédits photographiques :
Fondation Alberto et Annette Giacometti, Paris/Marc Domage, Per Hüttner, Jean-Pierre Lagiewski, Véronique Wiesinger